短线金手 书系

短线金手 ②

经典形态战法
实战剖析

吴国平/著

企业管理出版社

图书在版编目（CIP）数据

短线金手2：经典形态战法实战剖析/吴国平主编.—北京：企业管理出版社，2019.5

（炒股"短线金手"丛书）

ISBN 978-7-5164-1933-5

Ⅰ.①短… Ⅱ.①吴… Ⅲ.①股票交易—基本知识 Ⅳ.①F830.91

中国版本图书馆CIP数据核字（2019）第062050号

书　　名：	短线金手2：经典形态战法实战剖析
作　　者：	吴国平
责任编辑：	李　坚
书　　号：	ISBN 978-7-5164-1933-5
出版发行：	企业管理出版社
地　　址：	北京市海淀区紫竹院南路17号　　邮编：100048
网　　址：	http://www.emph.cn
电　　话：	编辑部（010）68414643　发行部（010）68701816
电子信箱：	qiguan1961@163.com
印　　刷：	三河市东方印刷有限公司
经　　销：	新华书店
规　　格：	170毫米×240毫米　16开本　10.25印张　120千字
版　　次：	2019年5月第1版　2019年5月第1次印刷
定　　价：	45.00元

版权所有　翻印必究·印装错误　负责调换

目录/CONTENTS

1 涨停板战法 ··· 002

2 龙虎榜高成功率战法 ································· 031

3 "旭日东升"战法 ····································· 047

4 惊天逆转战法 ··· 054

5 年中高送转战法 ······································ 061

6 长上影线战法 ··· 070

7 黄金十字线战法 ······································ 093

8 跟庄战法——活捉老庄股 ·························· 099

9 梅开二度——主升浪战法 ·························· 115

10 "生命线"20天线战法 ····························· 122

11 布林线战法 ·· 126

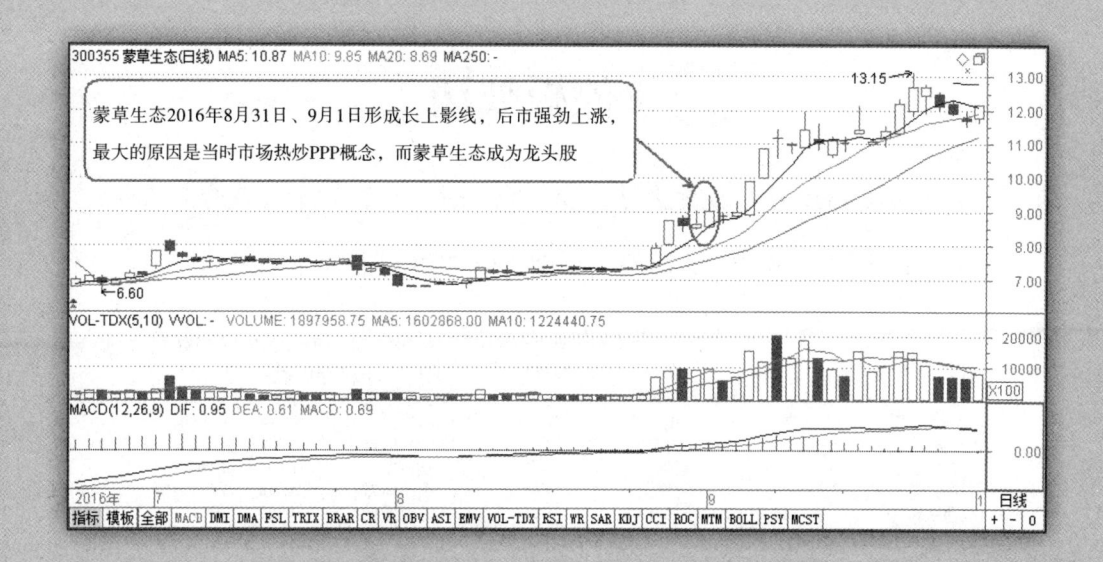

蒙草生态2016年8月31日、9月1日形成长上影线，后市强劲上涨，最大的原因是当时市场热炒PPP概念，而蒙草生态成为龙头股

短线金手❷

经典形态战法实战剖析

1 涨停板战法

老股民都知道，做股票要看量、价、时、空，做个股综合起来分析才是正道。那么，如何选当日即将涨停或大涨的短线黑马？

综合排名 - 上证A股						
今日涨幅排名			5分钟涨速排名		今日委比前排名	
连云港	6.03	10.04	五洲新春	49.99	2.02	国泰集团	11.24	100.00
海天精工	3.84	10.03	株冶集团	12.75	1.84	新华网	125.16	100.00
国检集团	21.18	10.03	中海集运	4.50	1.81	能科股份	54.95	100.00
能科股份	54.95	10.01	营口港	3.97	1.79	塞力斯	110.57	100.00
海兴电力	45.29	10.01	锦州港	4.58	1.78	海兴电力	45.29	100.00
西藏珠峰	37.82	10.01	宁波海运	6.50	1.72	快克股份	38.27	100.00
今日跌幅排名			5分钟跌速排名			今日委比后排名		
中央商场	9.72	-4.33	广汽集团	25.45	-2.12	小商品城	8.66	-98.30
宝光股份	25.26	-3.22	电魂网络	81.50	-1.33	通策医疗	34.00	-96.96
明星电缆	10.70	-3.08	驰宏锌锗	8.51	-1.05	花王股份	64.30	-95.95
钱江生化	13.38	-2.69	北特科技	45.03	-1.03	天科股份	17.38	-94.76
常熟银行	13.40	-2.69	小商品城	8.66	-1.03	中国中铁	9.56	-93.66
石英股份	25.86	-2.67	ST成城	16.04	-0.99	三角轮胎	43.01	-93.56
今日量比排名			今日振幅排名			今日总金额排名		
电魂网络	81.50	6228.14	禾丰牧业	14.50	8.56	驰宏锌锗	8.51	4.41亿
五洲新春	49.99	316.28	电魂网络	81.50	5.79	电魂网络	81.50	3.58亿
新华网	125.16	265.20	中远海运	7.33	5.22	中铁二局	16.18	2.13亿
能科股份	54.95	169.50	营口港	3.97	5.11	汇顶科技	150.23	1.90亿
大连港	3.00	119.37	唐山港	4.52	4.40	五洲新春	49.99	1.78亿
连云港	6.03	107.50	五洲新春	49.99	3.55	大连港	3.00	1.25亿

①于9点25分集合竞价后，至9点30分正式交易前的5分钟内，立即到沪深量比排行榜及涨幅排行榜中查看前10名的个股并及时记录下来，对沪深量比排行榜及涨幅排行榜前10名中均出现的个股要特别留意。

②正式交易10分钟后即9点40分左右，再到沪深量比排行榜及涨幅排行榜中查看前10名的个股并及时记录下来。

③选出1与2中均出现的个股，并分成3组：第一组，日K线

组合较好（最好符合一些经典的上攻或欲涨图形），5日、10日、30日均线呈多头排列或准多头排列及技术指标呈强势，特别是日MACD即将出红柱，且5分钟、15分钟、30分钟MACD至少有两个即将或已出一两根红柱；第二组，股价严重超跌、技术指标（如6日RSI）出现底背离且当日动态日K线为阳线；第三组，其余的均归为该组。

④对第一组及第二组要特别留意，这两组中的个股，不仅当日容易涨停或大涨，而且次日或随后几日还将上涨。第一组中容易跑出龙头股，第二组中容易出现V型反转的黑马，第三组中好坏均有，对其中破位下跌的个股坚决不能碰。

⑤对第一组及第二组的个股，可乘其盘中回调至均线附近时吸纳，特别是盘中回调至均线以下1%~2%时，应是买入良机。

涨停"上升三法"

涨停板战法基本上属于短线操作。一般而言，涨停板分为不开板的涨停板，以及开板的涨停板。前者是封死涨停，买盘过多，出现惜售情结；后者是无法维持封死涨停板。这两者在某种程度上也能反映主力实力的强弱。

涨跌停板既然和主力有莫大的关系，那么它有时候也具有欺骗性，很多时候，涨停板的目的只是骗线，吸引大量的跟风盘，在拉升的过程中，伴随成交量的放大，方便主力出货。所以在对待涨停板时应理性，不可盲目打板。

下面给大家分享一种高胜算战法，叫涨停上升三法。其实它是上升三法的升级版。首先给大家简单讲解一下上升三法，看下图，两阳夹三根小K线（收阳收阴都行），且这三根小K线的实体包含于第一根阳线内部，第二根阳线有拔地而起之势，作为两次启动信号。上升三法是上涨中继形态，后势看涨。同理，下降三法是下跌中继形态，后市看跌。

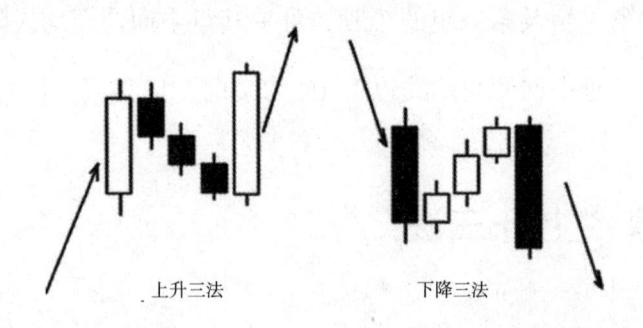

上升三法　　　　　　下降三法

在上升三法中，第一根阳线最好是大阳线，但并没有特别强制性的要求，阳线越大，就代表行情越强势。那么，现在我们就给个强制性条件,第一根阳线必须是涨停板,涨停板后面收N根($N \leqslant 20$)小K线，同样这些小K线不能跌破涨停板实体。

1 涨停板战法

操作要点：

①第一根涨停后，股价缩量调整至涨停板实体下部，则为买入点。为中短线持股风格，成功率比较高，收益不菲。

②在上升过程中，为上涨中继形态，短线甚至中线收益都可观；在底部横盘阶段，仅为短线买入，不可贪恋。

③如果发生在下降行情中，A浪处往往是下跌前的诱多涨停，C浪处则有可能有资金进入抄底，但并不代表是底部，这种情况就不能买。

案例分析：万达院线（002739）

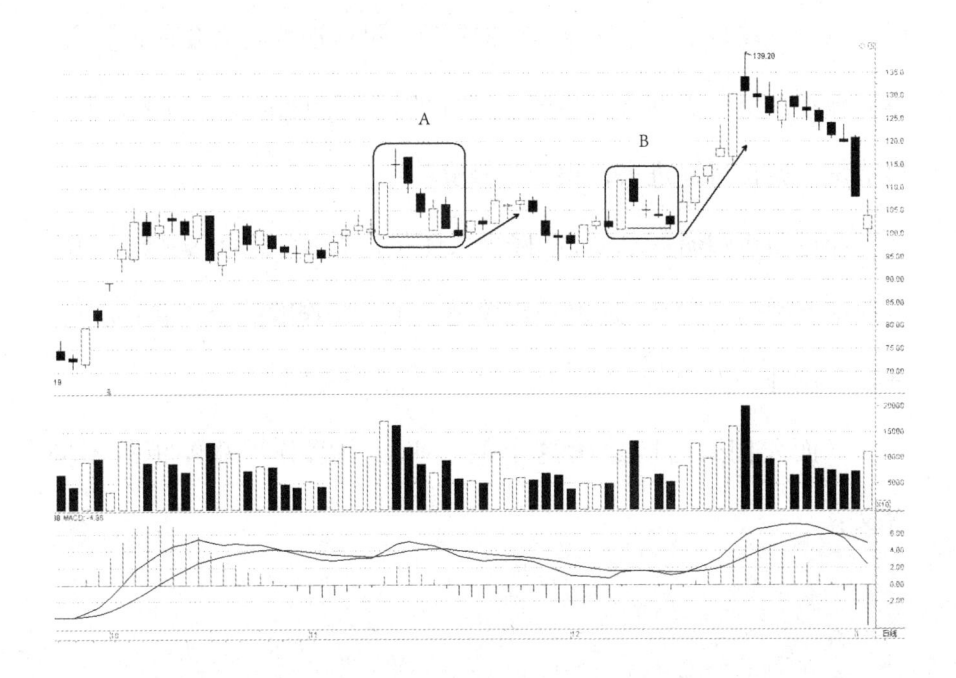

B 处就是短线买入信号，短线收益达 26%；A 也比较相似，但是，有两根 K 线已经超出涨停板实体上部，筹码分歧比较大，买入后不确定性较大。

涨停板战法研究之系统环境篇

涨停板是短期内主力拉升做盘的极致，好的短线高手往往数日内赚了大家一年多赚到的钱。

涨停板制度是为抑制市场投机过度而设计的，它对股价助涨作用非常大，代表着市场最强烈的上涨欲望。涨停板可以启动行情，可以拉升一波行情，可以推动行情飙升，可以迷惑转而套住投资者。不同涨停板所代表的含义也是不一样的，如果连涨停板的含义都没搞清楚，就盲目追进去，很容易被套。

经过多年的研究总结，涨停板大体包含吸筹、启动、突破、拉升、赶顶这五种基本含义，这也是比较遵循主力操作的四个步骤：建仓、洗盘、拉升、出货。

下面我们通过陆家嘴这个例子来给大家分析涨停板的不同含义：

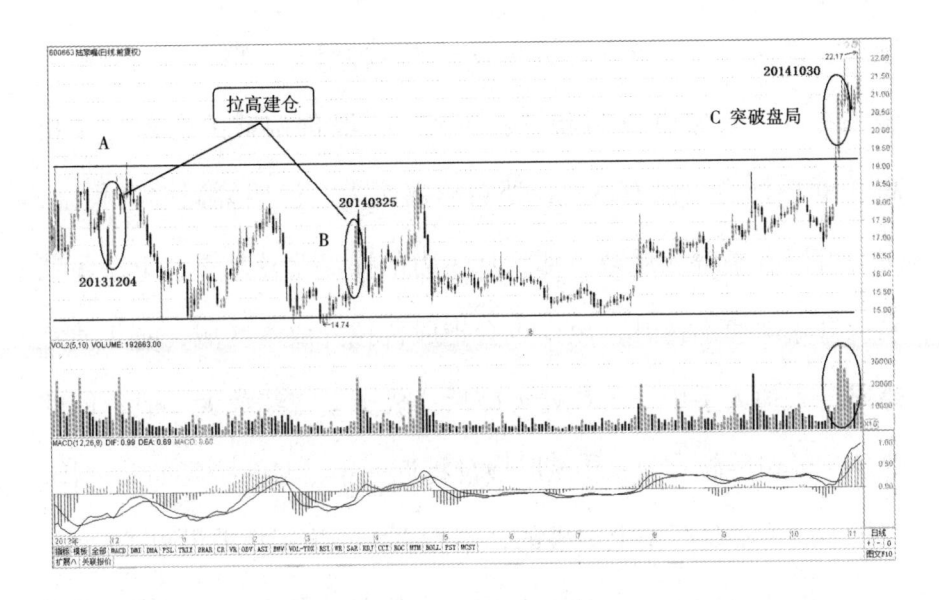

1. 涨停板拔高建仓

图中 A、B 两处涨停，可以解读为主力的吸筹手段。何以见得？这两个涨停板都有一个共同特点，那就是在股价震荡期间涨停，而且对应的量能都是放巨量，只有主力才能制造这么大的成交量。或许你会问，为什么它不是启动信号呢？因为涨停后未来几天的成交量并没有持续放大，股价不具备持续上涨的动力，随后股价缩量，因此综合判断，这是主力拔高建仓的手法。

2. 突破式涨停

2014 年 10 月 30 日，陆家嘴以强势涨停的方式突破盘局上方颈线。说到突破，有真突破和假突破两种情况，那么如何判断真假呢？以下现象可以判断是真突破：①股价调整的底部逐步抬高，重心较稳，没有A、B处振幅那么大，说明筹码趋向集中，主力筹码收集进入尾声，那么从主力的操盘路径来看，下一步就是拉升，即使不拉升，至少也会把股价拉开成本区域，防止便宜筹码落入他人手中；②C处突破后，成交量持续放大，股价能够稳住，说明突破有效；③该股横盘将近一年，时间跨度如此之长，逻辑上股价都是要向上突破的，不然主力吃饱了撑着没事干？

下图的D跟上图中的C是同一个位置，由此可见，陆家嘴突破之后，开启了一波强势拉升之旅，不难发现E、F、G处都出现涨停，那么这几个地方的涨停板又该如何解读呢？

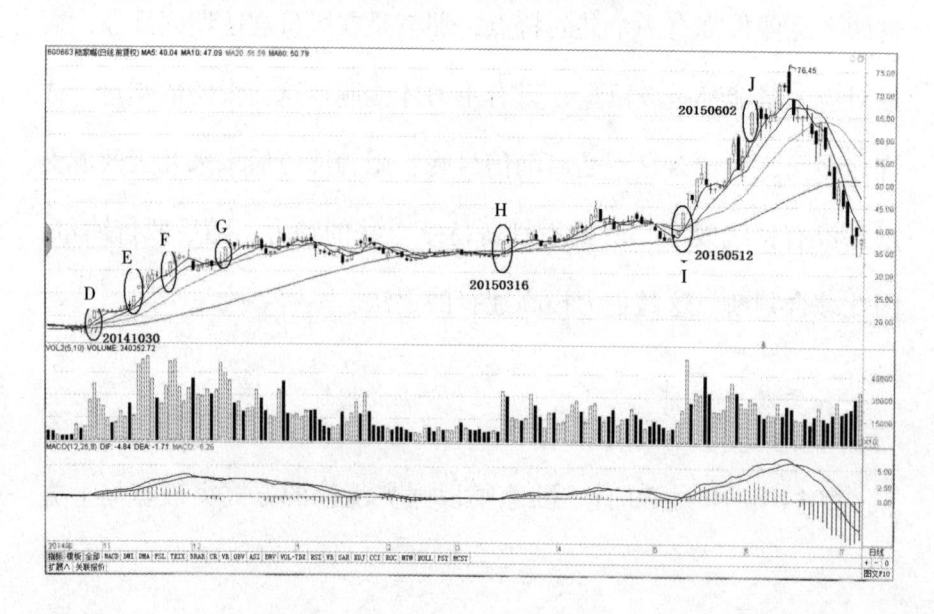

3. 加速式涨停

E、F两处涨停，其成交量放大，且创量能之最，股价表现强势流畅，这是明显的主升浪加速行情，更何况E处还有一个"空中加油"式的缺口，行情几乎火爆到极致了，相信当时一定是赚足了市场眼球。投资者遇到这种情况，在没有出现明显出货迹象之前，理应持股不动。

4. 赶顶式涨停

陆家嘴G处涨停，是行情经过一波强势上涨（涨幅超70%）之后涨停的，涨幅如此之大，这个时候投资者要考虑的就是主力什么时候出货，那么盘面上是否有出货的可能性呢？第一，G涨停对应的成交量比E、F处的成交量缩小，总体形态看已是量价背离；第二，MACD出现顶背离现象。这两个背离都是很强的卖出信号，所以此时来一根涨停，大概率是股价加速赶顶，原理是利用投资者对涨停板的追涨心理出货。不过实践中不容易判断主力是否真的出货，但只要出现以上这种情况，可以暂且判断为阶段性顶部。

5. 启动式涨停

经过一段时间横盘调整，陆家嘴再次发力，以H、I涨停为标志，一阳吞四线，这是标准的"蛟龙出海"形态，以此开启第二波升浪模式。这里的涨停就是启动式涨停，其实突破性涨停跟启动式涨停是很像的，但还是有小小的区别，突破性涨停强调对某个重要平台、高点的突破，而启动式涨停可以出现在一波行情的底部，也可以出现在洗盘末端，并不强调突破性。

在第二波行情里，我们留意到 J 处涨停，股价再次出现加速赶顶现象，历史再次重演，量价背离，随后不久股价便步入漫漫熊市。所以，强烈建议投资者一定要懂得辨认加速赶顶的涨停，因为这关乎到你是否能兑现利润。

大家通过上面的案例可以看到涨停板战法的威力，股市中那些"倍牛"的黑马大多是从涨停中产生的，因此不论你是投资者还是投机者，对此都不应弃之不理，如果你还想对自己的钱袋负责的话，你就要不断地吸取各类有用的知识，不断地提高自己。

看完案例，我们来谈系统风险，即在什么样的环境中才可以使用涨停板战法。所谓系统风险就是指大盘环境，虽然大盘恶化的情况下也会有极少数个股强势涨停，但大盘单边下跌环境中，涨停的概率远小于牛市环境中涨停的概率，举个失败的例子：

000529 箱体横盘半年之久，4 月 26 日盘口强势，回踩前期箱体后该股当日涨停，临盘发现量价配合良好，在涨至 8% 处短线

30%仓位狙击，当日涨停，第二日回调买入第二仓30%仓位狙击，灾难发生在第四天，大盘暴跌，该股主力无力拉升，掉头向下暴跌7%，盘口观察主力资金杀跌明显，结果很无奈，按事前既定的战术纪律，亏损3%必须止损出局。这是个很经典的失败案例，从介入条件看并无太大毛病，但大盘系统环境过于恶化恐怕是失败的最主要原因。

所以我们的涨停板战法对系统环境有严格要求，大盘必须处于牛市环境或者震荡平衡市环境中才适用，大盘K线下降的斜率如果小于45%可小仓位参与，大盘下降的角度大于60%禁止参与。

涨停板战法开篇我们首先谈系统环境，其实主要是向朋友们交待风险，我们这个A股市场，敢于连续拉涨停的主力多为敢死队、游资、私募，这些主力和公募基金不同，他们操盘时往往有极其严格的战术纪律，对资金的安全使用有极其严格的限制条件。根据我过往的经验，敢死队、游资炒作一只股票往往是三五个交易日，静如处子、动如脱兔、快进快出、雷厉风行，用诸如此类的言语形容他们的操盘行为一点都不为过，一般亏损超过总资金的3%，这些主力都会毫不犹豫地割肉离场，而导致这些身经百战的主力亏损的最可能原因就是对大盘判断失误、没有预料到系统环境的风险。当主力因系统风险杀跌出局后，留在里面的散户结局往往悲惨至极，有的数月甚至数年都无法解套，因此对系统环境要有个大体的评估，牛市和平衡市是涨停板战法使用的最好环境，而单边熊市或下降斜率较大的调整阶段是严禁使用涨停板战法的。

涨停板战法研究之个股质地篇

个股质地就是指个股的基础面情况、成长性评估、突发利好评估等，质地好的股票是主力敢于拉升涨停的胆气，这当然是主力炒作股票前期必备的功课，但散户对此也要有所了解。

我在多种场合讲过，股票和股票所属的公司严格说并不一致，因为股票好坏是由成交量决定的、是由资金推动的，公司的好坏是由公司的业绩决定的，所以我们在市场上经常看到好公司的股票不涨或微涨，而一些垃圾股或无业绩支撑的公司的股票却也能涨得鸡犬升天，显然好的股票和好公司的内在动因是不一样的。A股市场，股价和公司盈利状况经常发生较严重的背离，这种情形的出现一是因为A股投资者的投资理念和投资行为不成熟造成的，二是因为股市中的暗箱操作造成的，三是因为大小非的解禁压力造成的。出现这种情况我们很无奈，虽然超短线看，只要技术形态好，资金介入明显，无需对股票基础面做太多的研究就可介入，赚了走人就是，但随着A股市场制度完善和信息披露监管力度的加强、投资者投资理念和行为的成熟，基础面好、成长性高的公司的股票会得到市场更多的认可，公司和公司的股票将会逐步趋于一致性的表现，过分背离的现象将会逐步消除，因此我的这套涨停板战法不抛弃对基础面的研究，所以首先将ST类股票排除在外、动态市盈率过高的股票排除在外，涨停板战法虽看起来更像是投机行为，但我们这里兼顾价值投资和成长性投资。

因此，在同样可能涨停的个股中，我们优先选取符合以下四个标准的个股：①市场热点板块的龙头个股优先考虑，这类股很容易得到市场的青睐，最强也最安全；②新兴产业的高成长性小盘股优先考虑，成长性投资已经成为当今世界成熟资本市场投资的共识；③公司即将迎来企业业绩拐点的股票优先考虑，投资者只关心股票的未来；④个股流通盘不能太大，一般不超过10亿股，原则上我们不参与蓝筹股的涨停，盘子太大行情的持续性就差，没有哪个主力会去炒作中国银行。

实战范例：

002090，金智科技，这是涨停板战法系列中成功概率最高的一种，3月23日股价越过长期阻力线放量涨停，由于整理时间很长，股价一旦起来往往不可收拾，所以当日集合竞价一看放量高开直接挂单买进，我们来看看当时主力的胆气来自什么地方：2009年每股收益接近0.5元，公司决定10转10派2.5回报股东，金智科技是智能电网的绝对龙头，属于同行的领袖企业，基础面相当优秀，买进自然无后顾之忧，结合当日的强势盘口，我们综合研判，可以追高买入。

涨停板战法研究之个股趋势篇

涨停是股价走势的冲刺阶段，但正如夜晚划过的流星一样，最美的时候往往只是瞬间，高潮过后往往都是低谷，所以大多时候股票不涨停还有盼头，股票一旦涨停你就要格外小心，所以哪种趋势的股票才可以放心使用涨停板战法，这里我要和朋友们好好交流一下。

涨停板战法买入的趋势条件：①均线密集缠绕多头排列、股价处于上升趋势中最佳。②均线多头排列但离散程度加大、股价处于上升趋势中次之。当股价处于长期较小区间整理后，均线密集缠绕且拐头略微向上已成多头序列，这是最理想的情况。

实战范例：

600831，广电网络，1月8日，当时出现了两个技术特征：一是均线紧密缠绕且拐头略微向上已成多头排列；二是这个涨停越过阻挡趋势线。这样的涨停作用很明显，它确立了股价上升的趋势，上涨的空间被打开，均线密集缠绕说明趋势乖离很小，后续的趋势空间还很大。这种股票买点有三：一是越过阻挡线追进；二是涨停后排队买进；三是第二天开盘涨幅小于3%可追进。这样的股票属于涨停板战法系列最优品种。1月9日，第二个涨停板后，均线之间的离散程度越来越大，趋势乖离程度越来愈大，危险系数越来越高，投资者短线不宜再追高。

当然涨停板战法也有禁止操作的情况，以下情况涨停板战法禁止使用：

①股价处于下跌趋势中、均线已经空头排列。

②生命线、决策线拐头向下最为恶劣，禁止买入。

实战范例：

002285，世联地产，2009年12月24日和2010年5月5日，这两天都出现了涨停板，但都明显的处于下降趋势中，均线都成空头排列，生命线和决策线对股价压制明显，这种情况属于弱势涨停，只有分时盘口极好的绝顶高手才可参与，普通散户只有观望的份。

我们这样通过正反对比希望能让投资者明白，弱势环境下的涨停一般多为庄家利用涨停板出货，强行参与被套的概率比较大，只有多头市道和上升趋势中的涨停才有参与的价值。

涨停板战法研究之涨停基因

我们经常说性格决定命运，股票也同样如此，股票过往走势记载了该只股票的气质，一只经常出现涨停的股票在关键时刻就往往敢于涨停，一只经年累月不见一个涨停板的股票其涨停的概率必然就小，这就是股票的涨停基因，这在我们涨停板战法运用上也具有重要的参考意义。

股票走势的背后是该股操盘手的性格记载，一些性格豪爽、心胸开阔的操盘手操作股票时往往大开大合，有事没事就常拉个涨停板给你瞧瞧；一些谨小慎微、瞻前顾后的操盘手操作起股票来往往几个月甚至几年都不见一个涨停板，这是气质决定的。依我的经验，拉涨停板还真不是什么严谨的技术活，其实就是一种气势，关键时刻该出手时就出手，敢拉涨停跟风盘就多，只要大盘环境不太坏，往往会比那些畏畏缩缩的小家子气的股票走势更能提高操盘资金的使用效率。

实战范例一：

000063，中兴通讯，自2009年1月份以来，该股都还没出现过一个涨停板，这就说明该股的主力操盘手性格太过于稳健，导致该股缺乏涨停基因，对这样的股票我们使用涨停战法时就要格外小心,即便基础盘口语言给出可能涨停的信息也要慎重考虑,根据过往的走势来看,其涨停的概率很小。

实战范例二:

600703,三安光电,2010年1月份到4月份出现了6个涨停板,可谓强庄股,其实该股自2009年1月份到2010年4月份一共出现了22个涨停板,平均每个月1.37个涨停板,这就说明该股有优秀的涨停基因,对股票历史走势的细心研究能提高涨停板战法成功的概率。试想一下,当某天出现两只类似中兴通讯和三安光电气质的股票,在基础盘口相同的情况下,你会倾向于哪只股票更能涨停呢,答案是不言而喻的。

涨停基因是我们使用涨停板战法时重要的参考维度,这是基于对历史的尊重,虽然有些股票有时也可能莫名的一改往日颓势,从不涨停的股票却突然来了个涨停板,但这是基因突变,是小概率事件,小概率事件在数学上是可以忽略不计的。

实战范例三:

600111,包钢稀土,2010年4月20日,在越过前期重要阻挡线时出现了涨停盘口,通过对2009年的走势研究发现,该股2009年间出现了12个涨停,平均每月一个涨停板,当时考虑到该股主力应该非常凶悍,所以大盘环境不佳却仍有涨停可能,可以轻仓一搏，结果效果不错，在实战中涨停基因好的股票成功的概率更高。

涨停板战法研究之巨量高开（上）

对于下降趋势中的股票，要想逆转乾坤强势涨停需要的就是量能的配合，只有主力做多的意志异常坚定才可能逆转颓势。巨量高开标准是个通用标准，不但适合下降趋势中的股票也适合上升趋势中的股票。巨量高开，巨量是定语，高开是中心词，巨量有巨量的标准，高开有高开的标准，既符合巨量标准又符合高开标准的才能称之为巨量高开。现在，我们的涨停板战法进入了微观盘口环节，这是临盘能否成功的关键所在。

因为高开的标准容易记忆，所以我们先说高开。高开有四档标准：

第一档，寻常高开

①高开幅度小于2%。

②高开回调不破当日开盘价，或者高开回调不破前日收盘价，至多只能稍稍击破前日收盘价。

实盘操作要领：符合上面两个条件的，个股波段涨幅小于25%

的个股，如果也符合下期的巨量标准，可以待股价回调时跟进追涨。

第二档，强势高开

①高开幅度在2%～4%。

②股价回调不破当日开盘价、不破前日收盘价、不破均价线。

实盘操作要领：符合上面两个条件的，个股波段涨幅小于25%的个股，结合下期的巨量标准，待股价回调时可以跟进。

第三档，超强高开

①高开幅度4%～7%。

②股价回调不破前日收盘价、不破当日开盘价、不破分时均价线。

实盘操作要领：符合上面两个条件，如果个股波段涨幅小于25%，并且同时也符合下期的巨量标准，开盘直接跟进或待股价回调时买入。

第四档，极强高开

①高开幅度7%以上。

②股价回调不破当日开盘价、不破分时均价线。

实盘操作要领：符合上面两个条件，如果个股波段涨幅小于25%，并且同时也符合下期的巨量标准，开盘直接跟进或待股价回调时买入。

这四档高开标准，在临盘时当然高开越多越好，高开越多对后期趋势的影响越大，但临盘必须有巨量的配合，否则可能会成为主力诱多的牺牲品，那么巨量到底是指什么，巨量的标准又是什么？

涨停板战法研究之巨量高开（下）

我们一起探讨一下巨量的标准，说标准有些夸大了，我也无权制定这个方面的标准，这些我所谓的标准是来源于实战统计，并经过多次实战检验才写出来供大家参考，短线高手和业内人士不必和我较真。

我这个地方说的巨量是指集合竞价时的成交量，也就是通常大家看到的早盘9点25分的成交量。如果这个时间段出现了巨额成交量，在波段涨幅较小的情况下，往往是主力在疯狂扫货，个股出现这种情况往往是由于突发利好或者潜在利好造成的，是股价启动或者加速上扬的标志。散户的力量分散，意志也不统一，获取企业信息的渠道也很单一，所以集合竞价中的巨量成交绝不可能是散户所为，散户大多只是开盘价出来后的跟风者，对突发利好进行了精心分析或者提前获知企业内幕的主力才是集合竞价巨量成交的"幕后黑手"，当然这种情况内幕交易者居多。

我们明白了集合竞价时主力所为就心里踏实多了，至少说明当天主力没去钓鱼，他一定在电脑旁边坐着，当天的股价一定多多少少会有些大动作。关于巨量成交的标准，根据我对实战数千只涨停个股的统计分析，对巨量的标准划分为以下八个档次：

第一档，流通盘小于3000万股，集合竞价成交量在600手以上，谓之巨量成交。这个地方和大家交代一下，由于中小板股票上市数量的增多，最近很多流通盘800多万股、1000多万股的股票都出现了，两市流通盘小于3000万股的股票以后会越来越多。

第二档，流通盘在3000万股~6000万股之间，早盘集合竞价成交量在800手以上，谓之巨量。

第三档，流通盘在6000万股~1亿股之间，早盘集合竞价成交量在1000手以上，谓之巨量。

第四档，流通盘在1亿股~2亿股之间，早盘集合竞价成交量在1500手以上，谓之巨量。

第五档，流通盘在2亿股~4亿股之间，早盘集合竞价成交量在2000手以上，谓之巨量。

第六档，流通盘在 4 亿股～6 亿股之间，早盘集合竞价成交量在 2500 手以上，谓之巨量。

第七档，流通盘在 6 亿股～10 亿股之间，早盘集合竞价成交量在 3000 手以上，谓之巨量。

第八档，流通盘在 10 亿股以上的，早盘集合竞价成交量在 6000 手以上，谓之巨量。

这八档标准来源于我数以千计的实战统计分析，花费了很多心血，虽不是铁一样的不可更改的标尺，但我想实战中对投资者们有着重要的参考价值。讲完了高开的标准和巨量的标准，在此基础上，接下来我将和大家讲一下集合竞价选涨停。

涨停板战法研究之集合竞价选涨停

1. 集合竞价选涨停的操作条件

①股票波段涨幅小于 25%。这里解释一下，80% 以上的个股涨幅在 40% 左右就会展开调整或者平台型整固，涨幅在 25% 以上的个股往往是波段涨幅的末期，再追高去买就会有被套的风险，这里要求在集合竞价选涨停前个股涨幅小于 25% 为宜。

②符合高开的四个标准。这里需要说一下，早盘集合竞价必须高开，一般要求高开在2%以上为宜，即股价至少要符合强势高开标准。

③符合巨量的八个标准。

④开盘一小时股价处于强势中，回调不破开盘价、均价线或前日收盘价。

⑤个股均线系统多头排列最佳，仅生命线、决策线、趋势线多头排列次之，仅攻击线和操盘线金叉最次，均线完全空头排列慎用。

⑥大盘处于牛市或波段上涨行情中最佳，大盘处于牛市小级别调整行情或平衡市中次之，大盘处于熊市或牛市大级别二浪调整中慎用。

2. 集合竞价选涨停的操作策略

①大盘处于牛市环境中，参与仓位可以在8成以上；大盘处于熊市环境或牛市二浪调整环境参与仓位严格控制在3成以下。

②对符合涨停板战法的个股在资金使用上要合理分配，个股形态好的资金多分配一些，形态不好的少分配些，但切忌孤注一掷。

这里需要解释一下，股市变化莫测，涨停板战法是短线行为，系统环境及突发事件往往会改变个股的短线走势，说白了主力操盘手不是傻子，会根据环境的改变而采取不同的策略，集合竞价选涨停法也无法保证某一只股一定涨停。

③集合竞价选涨停要求 9 点 25 分到 9 点 30 分这短短五分钟内立即选出符合巨量高开的个股。这对看盘时间要求比较高，其中高开、流通盘的标准可以在软件"功能——选股器——定制选股"上进行设置，并保存方案，早盘再 9 点 25 分可立马选出高开的个股，随后用多股同列选出形态较好的个股。

实战范例一：四川路桥

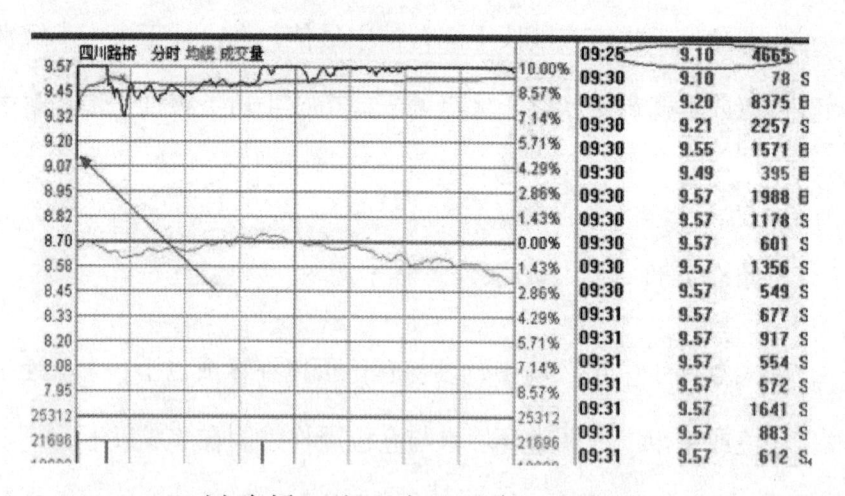

四川路桥 分时 均线 成交量		09:25	9.10	4665
9.57	10.00%	09:30	9.10	78 S
9.45	8.57%	09:30	9.20	8375 B
9.32	7.14%	09:30	9.21	2257 S
9.20	5.71%	09:30	9.55	1571 B
9.07	4.29%	09:30	9.49	395 B
8.95	2.86%	09:30	9.57	1988 B
8.82	1.43%	09:30	9.57	1178 S
8.70	0.00%	09:30	9.57	601 S
8.58	1.43%	09:30	9.57	1356 S
8.45	2.86%	09:30	9.57	549 S
8.33	4.29%	09:31	9.57	677 S
8.20	5.71%	09:31	9.57	917 S
8.08	7.14%	09:31	9.57	554 S
7.95	8.57%	09:31	9.57	572 S
25312		09:31	9.57	1641 S
21696		09:31	9.57	883 S
		09:31	9.57	612 S

600039，四川路桥，流通盘 3.04 亿，2010 年 5 月 31 日，集合竞价时 4665 手巨量超强高开 4.3%，远高于该档的 2000 手标准，资金注入强度值极高，我们看看该股的技术形态：

1 涨停板战法

从上图看刚刚突破下降趋势线，但均线系统显示个股仍处于弱势环境，大盘目前正处于下降趋势，系统环境一般，该股见底后波段反弹幅度还小，综合考虑，3成仓位参与。

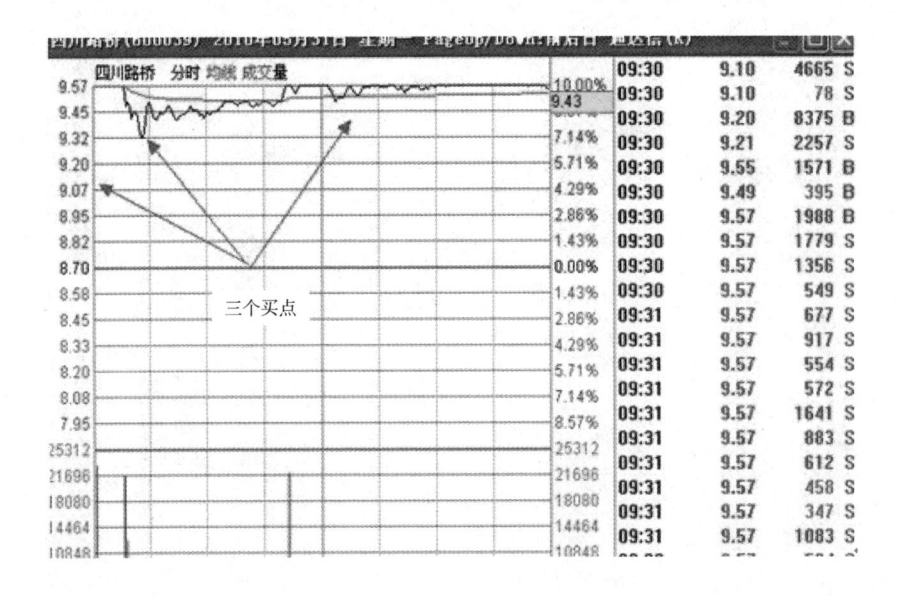

这是三个买点，早盘开盘后可四成资金买入，开盘回调时四成资金买入，下午再度封板前二成资金买入。该股尾盘涨停。以下案例分析原理同案例一，为节省篇章，不再废话，详情见图解。

实战范例二：安凯客车

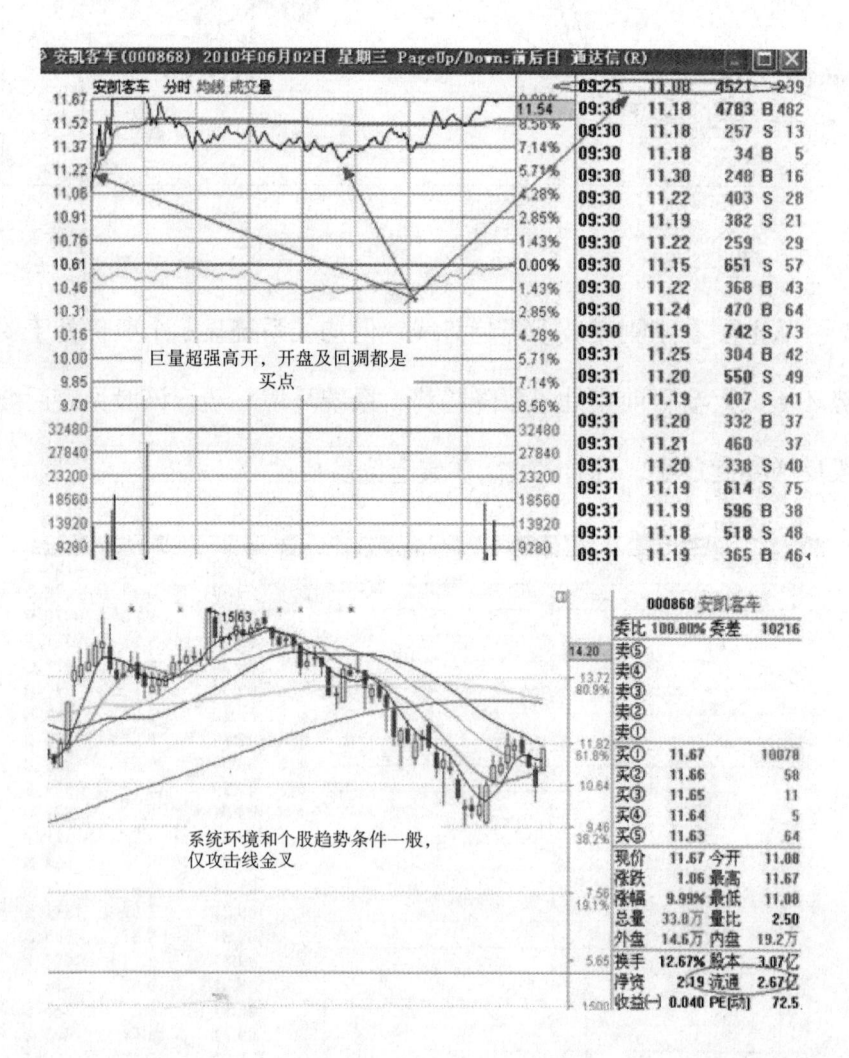

实战范例三：*ST 中房

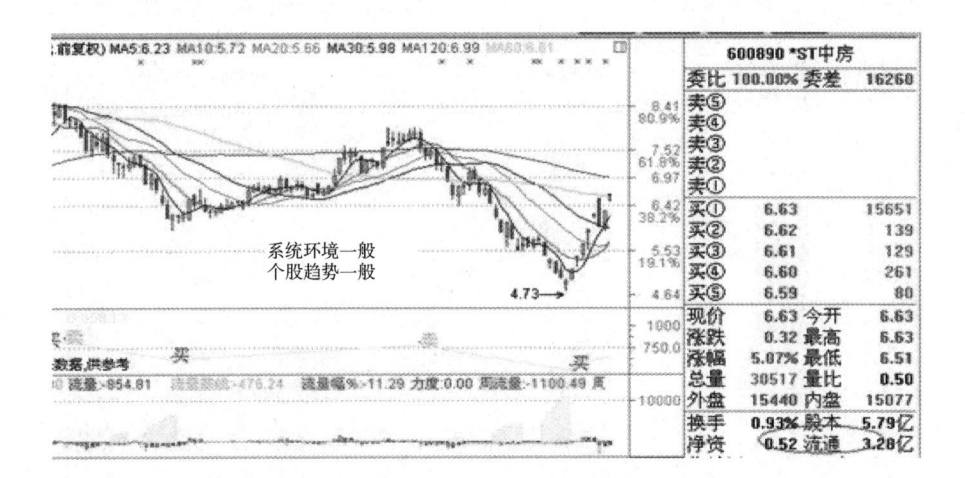

巨量超强高开，回调即是买点

2010.6.2

系统环境一般
个股趋势一般

实战范例四：中润投资

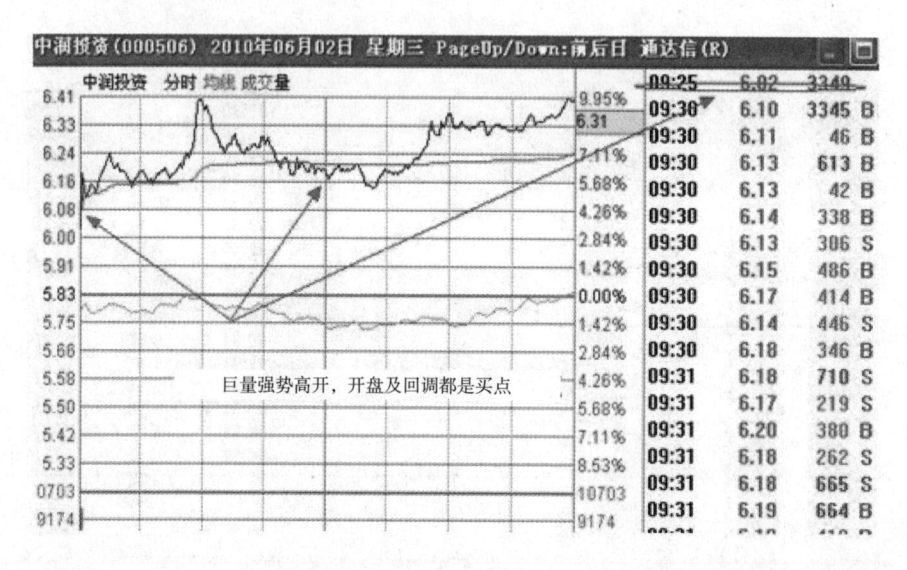

巨量强势高开，开盘及回调都是买点

系统环境一般
个股趋势一般

1 涨停板战法

实战案例五：丰乐种业

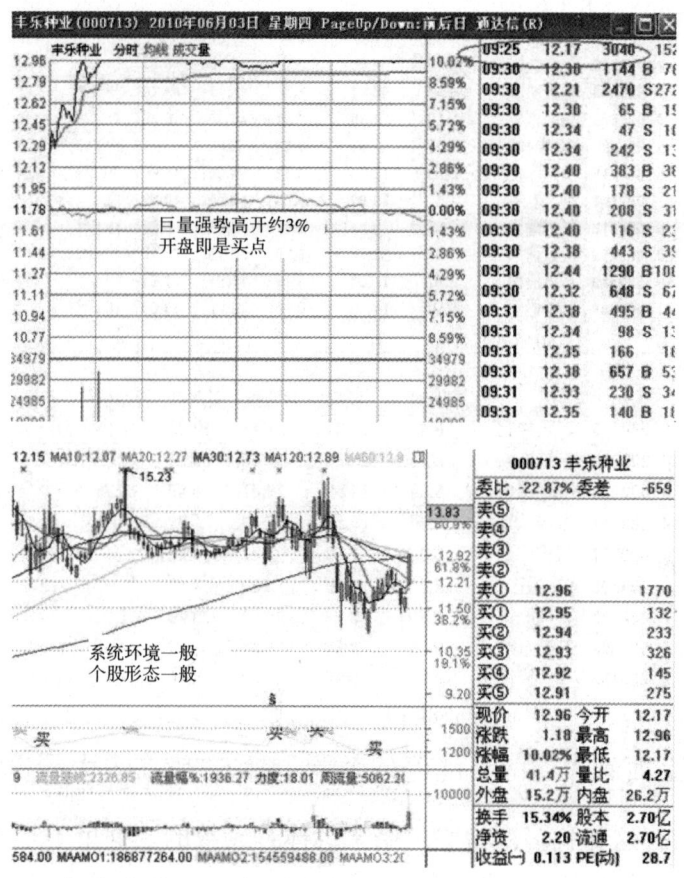

以上是集合竞价选涨停的案例，由于大盘环境比较恶化，所以要严格按照操作条件，参与资金不要高于你仓位的三成，练熟了到了牛市中会威力无穷。

我在2010年6月2日和6月3日实盘时一起对集合竞价选涨停进行了实战检验，其中6月2日集合竞价符合巨量高开标准的有

11只,6月3日有9只,下面是这两日选出个股的收盘后收益情况:

序	代码	名称	涨幅%	现价	日涨跌	买入价	卖出价	总量	卖量
1	000868	安凯客车	9.99	11.67	1.06	11.67	—	33.8万	437
2	000506	中润投资	9.78	6.40	0.57	6.40	6.41	19.5万	5494
3	600348	国阳新能	5.64	44.17	2.36	44.17	44.18	32.3万	77
4	000625	长安汽车	5.18	10.35	0.51	10.34	10.35	47.4万	3700
5	600890	*ST中房	5.07	6.63	0.32	6.63	—	30517	1
6	000415	*ST汇通	4.98	10.54	0.50	10.54	—	13779	24
7	002161	远望谷	4.63	19.20	0.85	19.20	19.21	12.0万	1707
8	600512	腾达建设	3.65	8.81	0.31	8.81	8.82	18.8万	1
9	002419	天虹商场	2.97	38.16	1.10	38.16	38.17	65446	571
10	600469	风神股份	2.47	11.62	0.28	11.61	11.63	24.6万	251
11	600884	杉杉股份	-0.94	19.00	-0.18	19.02	19.03	16.6万	2

2010年6月2日

序	代码	名称	涨幅%	现价	日涨跌	买入价	卖出价	总量
1	000713	丰乐种业	10.02	12.96	1.18	12.95	12.96	41.4万
2	300009	安科生物	8.13	22.34	1.68	22.33	22.34	82625
3	000630	铜陵有色	5.50	16.69	0.87	16.69	16.70	42.0万
4	000017	*ST中华A	5.05	5.82	0.28	5.82	—	9020
5	000557	ST银广夏	5.00	4.62	0.22	4.62	—	33558
6	000505	ST珠江	4.99	4.63	0.22	4.63	—	12372
7	002192	路翔股份	1.68	30.24	0.50	30.23	30.24	10.6万
8	600502	安徽水利	0.59	8.57	0.05	8.57	8.58	54531
9	600654	飞乐股份	0.56	5.40	0.03	5.40	5.41	51.0万

2010年6月3日

从上面看,这两日涨停的个股包括ST股在内大约占总数的40%左右,这和我多次检验的结果大体是一致的。这里不是来炫耀,而是告诉大家资金要均匀分配,不要孤注一掷。如6月3日,符合巨量高开标准的九档个股你如果分散资金买入,那么总收益就有3%(九档个股平均涨幅近5%),但如果你孤注一掷只买600502,开盘价8.80元,收盘价是8.57元,这样你却是亏损的,所以合理分配资金获取总体稳定的收益是极其重要的。

❷ 龙虎榜高成功率战法

该战法几个核心条件：

①攻击型的技术形态。

②机构重金介入（至少买入1000万，越多越好）。

③偏暖的大盘环境。

④最好有板块效应，或者有爆发性的题材。

个股案例分析

1. 长春高新（000661）

爆发原因：三季度业绩大增，实质性强。

长春高新在 10 月 11 日当天收盘出现明显的攻击形态，当天股票以涨停板开盘，在前期高位的压力下，获利盘大量释放，随即开板，但是长春高新当天分时走势很健康，始终维持在涨幅 8 个点以上的位置震荡，这也显示出主力随时封板的迹象，股票在下午一点多强

2 龙虎榜高成功率战法

势封涨停，机构买入量多。

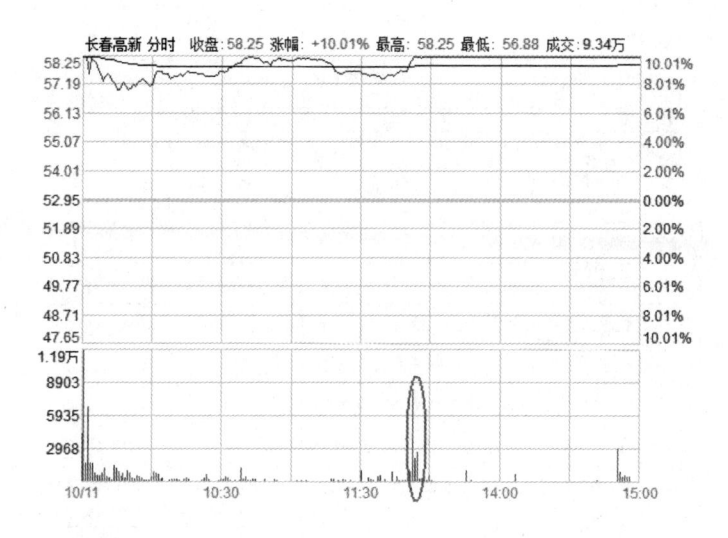

2. 丽珠集团（000513）

爆发原因：医改政策的推进。

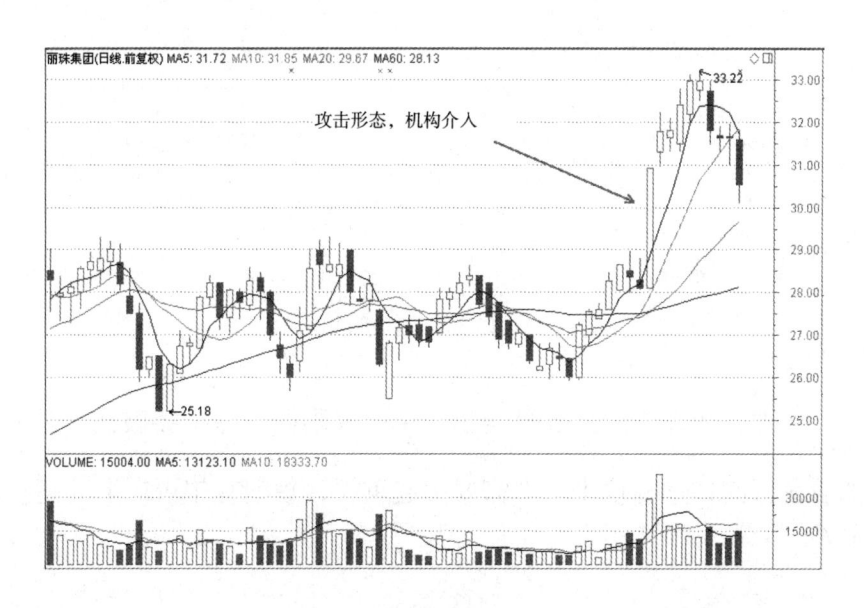

【2012-10-15】10月15日日涨幅偏离值达到7%
涨跌幅%：10.72 成交量(万股)：295.00 成交金额(万元)：8877.00
买入金额最大的前5名：

营业部名称	买入金额(元)	卖出金额(元)
中国银河证券股份有限公司宁波大庆南路证券营业部	12324747.80	126888.00
机构专用	10926555.28	
华泰证券股份有限公司苏州人民路证券营业部	5822616.98	59436.00
华泰证券股份有限公司南京长江路证券营业部	4141397.39	
华泰证券股份有限公司南京江宁金箔路证券营业部	3938684.24	

卖出金额最大的前5名：

营业部名称	买入金额(元)	卖出金额(元)
第一创业证券股份有限公司佛山绿景三路证券营业部		6913745.55
兴业证券股份有限公司广州东风中路证券营业部		4045272.00
财富证券有限责任公司温州车站大道证券营业部		4003923.56
新时代证券有限责任公司嘉兴吉杨路证券营业部		2674387.19
海通证券股份有限公司杭州环城西路证券营业部	89668.00	2615364.40

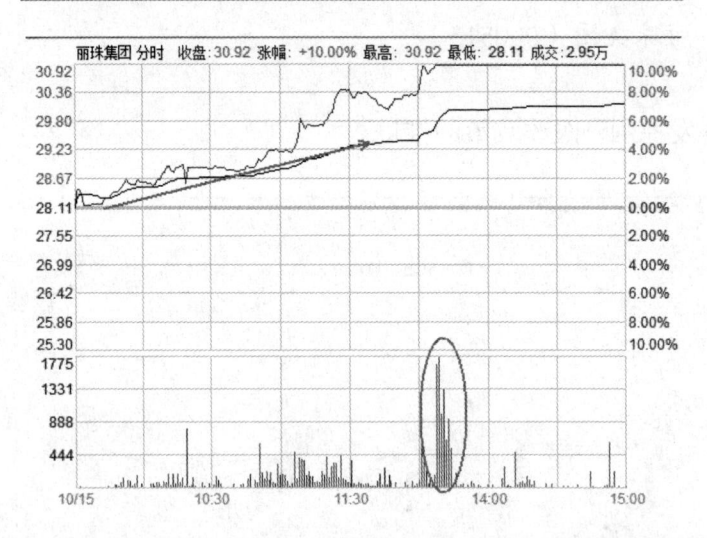

丽珠集团在10月15日走出了单日大阳线，一举突破几个月来的震荡区间，这种攻击形态需要引起重视，短期有望再向上冲高。

3. 信维通信（300136）

爆发原因：苹果将推迷你版ipad。

【2012-10-19】10月19日涨幅偏离值达到7%
涨跌幅%：7.03 成交量(万股)：447.00 成交金额(万元)：7360.00
买入金额最大的前5名：

营业部名称	买入金额(元)	卖出金额(元)
机构专用	12055290.88	
机构专用	6680514.34	
机构专用	3205977.88	
万和证券有限责任公司成都建设西街证券营业部	3164673.76	
华泰证券股份有限公司扬州文昌中路证券营业部	3059301.40	9780.00

卖出金额最大的前5名：

营业部名称	买入金额(元)	卖出金额(元)
宏源证券股份有限公司深圳上步中路证券营业部		7659030.10
机构专用		4643607.83
湘财证券有限责任公司上海秦兴路证券营业部		4597706.81
兴业证券股份有限公司上海梅花路证券营业部		3073459.88
光大证券股份有限公司深圳深南大道证券营业部	75173.00	2739045.11

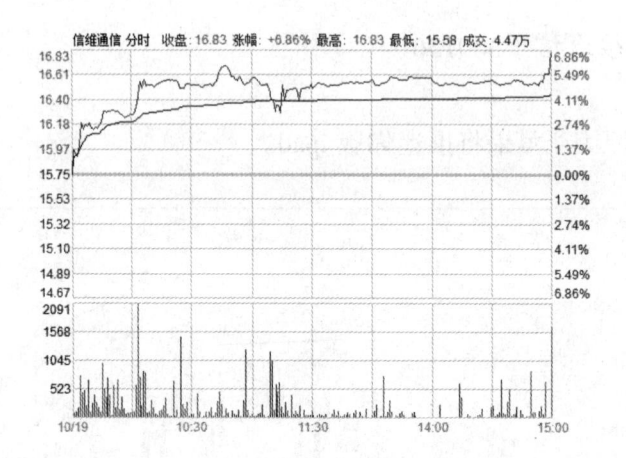

信维通信的这根向上突破的K线也很具攻击性，尤其是尾盘大资金的进入更是一种信号，但是对比长春高新和丽珠集团它偏弱一点。

4. 大族激光（002008）

爆发原因：3D打印龙头股。

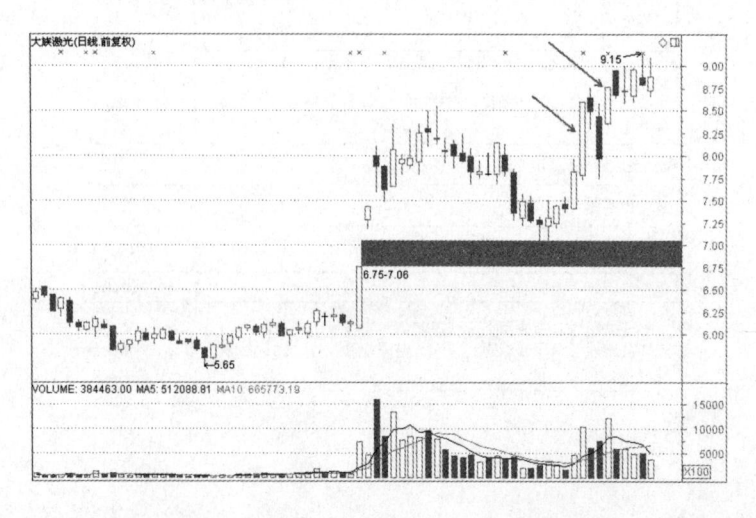

【2012-10-15】10月15日日涨幅偏离值达到7%
涨跌幅%:10.82 成交量(万股):12207.00 成交金额(万元):105669.00
买入金额最大的前5名：

营业部名称	买入金额(元)	卖出金额(元)
中国中投证券有限责任公司无锡清扬路证券营业部	35804456.69	4142681.76
机构专用	25848558.72	
机构专用	25805082.97	
机构专用	25365496.01	
光大证券股份有限公司宁波灵桥路证券营业部	20608303.75	47758.00

卖出金额最大的前5名：

营业部名称	买入金额(元)	卖出金额(元)
中信证券股份有限公司深圳福华一路证券营业部	3488.00	33289930.00
英大证券有限责任公司南京汉中路证券营业部	299850.60	20694291.81
华泰证券股份有限公司成都蜀金路证券营业部	578707.52	13878288.97
华泰证券股份有限公司绍兴上大路证券营业部	66360.00	12461966.94
招商证券股份有限公司深圳南山南油大道证券营业部	2217406.19	9921764.00

大族激光在15日开盘就显得很强势，股价大单挂涨停价买入，成交量巨大，K线显示出大阳线，机构专用席位买入量突然剧增，这样也消化了部分前两日涨停买入的获利筹码。

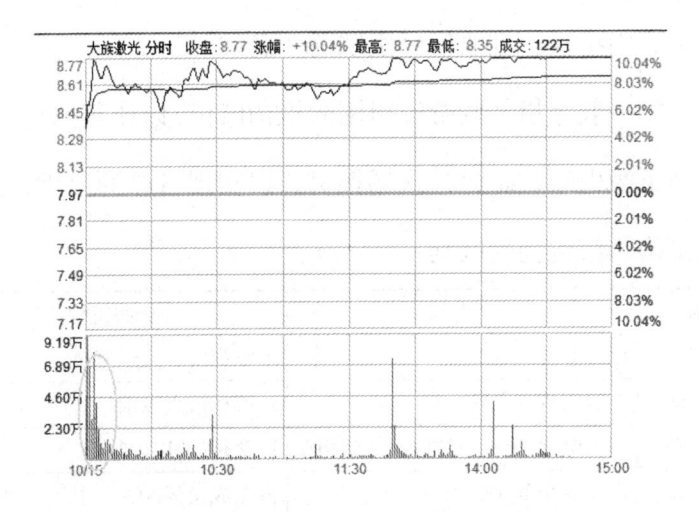

识别龙虎榜中的假机构

很多短线客都喜欢参考龙虎榜数据进行交易，其中机构专用席位是最受人关注的，投资者看到盘后龙虎榜中有机构买入，第二天开盘就迅速买入，然后就给套住了，为什么呢？那是因为所谓的"机构"其实分为真机构和假机构，而往往投资者在买入之前没有认真辨别真假，才导致吃了"机构"一棒。

龙虎榜数据有助于了解当日异动个股的资金进出情况，判断是游资所为还是机构所为。上榜条件：①日价格涨幅偏离值±7%；②日换手率达到20%；③日价格振幅达到15%；④连续三个交易日内，涨幅偏离值累计达到20%。每个条件都选前3名的上榜，深市是分主板、中小板、创业板分别取前3名的。

假机构一般是指某些游资租用的机构席位，以作其"马甲"用，目的是为了吸引短线跟风盘入场接货，以实现自己的出货目的。以下是真机构与假机构的区别：

区别	真机构	假机构
凶悍程度	比较磨叽	干脆利落、果断坚决
封板时间	一般在11点以后	一般在11点以前
分时趋势	多为阶梯走势，3波以上才封板	通常是3波以内封板
成交占比	占总成交额20%以下	占总成交额20%以上

2 龙虎榜高成功率战法

续表

区别	真机构	假机构
排名位置	一般在龙虎榜买二之后	买一、买二，甚至买三
K线位置	低位整理形态，目的是吸筹	上升行情中末端、下跌行情初中段

案例一： 生意宝

2016年1月18日，生意宝在下跌反弹途中出现涨停板，盘中分时为一波拉涨停模式，当日龙虎榜买方出现4个机构，占总成交

金额的 42.63%，种种特殊表明这是强势假象，勿冲动追涨，属于假机构，随后股价继续下跌。

案例二： 易尚展示

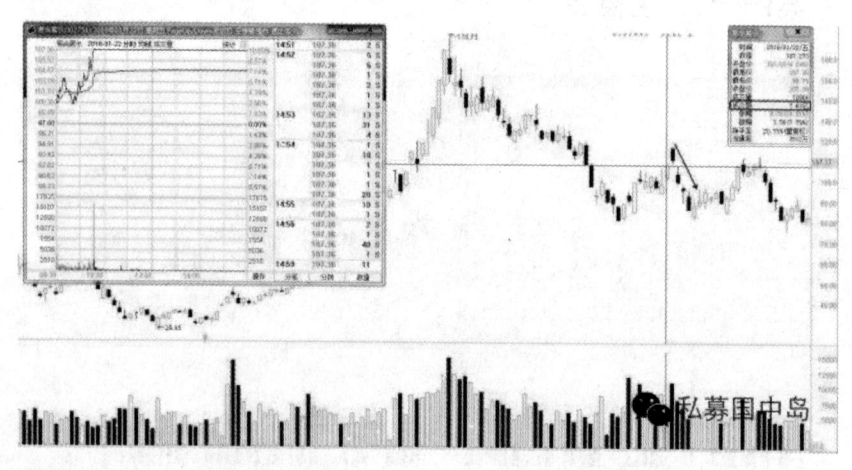

易尚展示大幅杀跌后，股价首次出现反弹，2016 年 1 月 22 日出现涨停，当日龙虎榜买一、三、四都是机构席位，占总成交金额

的 25.54%，属于下跌途中的反弹诱多出货，假机构。

案例三： 中文在线

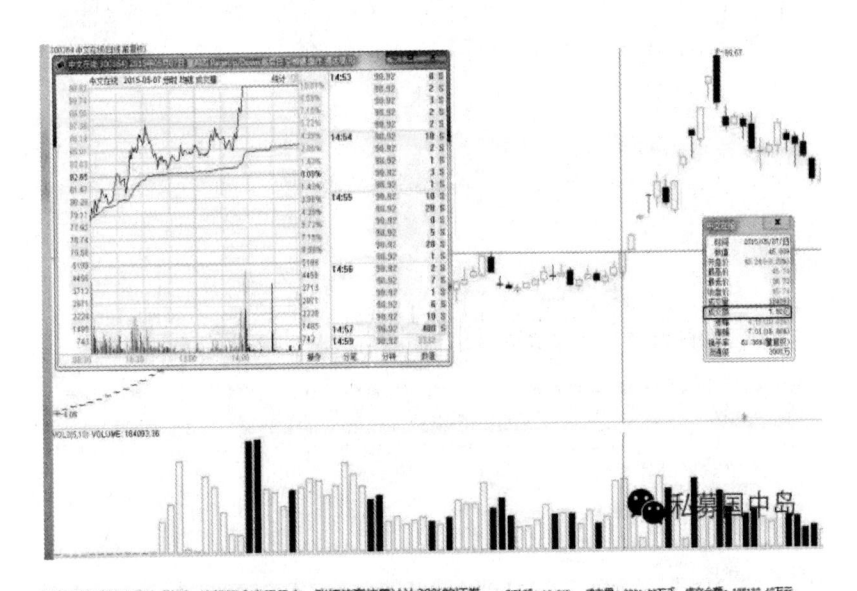

2015 年 5 月 7 日，中文在线经过比较长时间的横盘后，以涨停方式突破平台，当日龙虎榜买 4 位置出现机构专用席位，这种低

位突破性的龙虎榜没有明显诱多嫌疑，属真机构。

经过一波大幅下跌，中文在线持续震荡横盘，2016年6月3日出现涨停，当日龙虎榜在买四、买五出现机构席位，股价明显没有突破箱体，因此判断为机构拔高吸货，属真机构。有人说，既然是真机构吸货，为什么不能买呢？因为机构吸筹之后往往还要洗盘，因此短线不建议介入，当然如果你是中长线风格且时间多，买进去也没人敢说你做错。

案例四： 汇金股份

汇金股份经过大幅上涨后，于6月17日强势涨停，当日龙虎榜买一、买二为机构席位，占总成交金额26.03%，在股价大幅上涨且面临前期高点时，明显是诱多行为，属假机构。

📊 大盘环境的重要性

环境偏暖，持续走强的可能性才高；环境不好，成功率会降低。

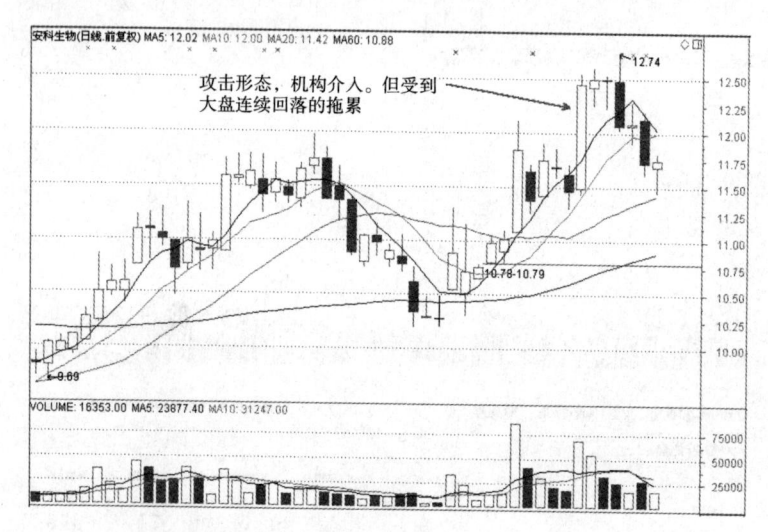

```
安科生物(日线,前复权) MA5:12.02 MA10:12.00 MA20:11.42 MA60:10.88
```

攻击形态，机构介入。但受到大盘连续回落的拖累 → 12.74

10.76-10.79

9.69

VOLUME:16353.00 MA5:23877.40 MA10:31247.00

【2012-10-18】10月18日日涨幅偏离值达到7%
涨跌幅%:7.00 成交量(万股):695.00 成交金额(万元):8422.00
买入金额最大的前5名：

营业部名称	买入金额(元)	卖出金额(元)
机构专用	17110571.77	
方正证券股份有限公司上海延安西路证券营业部	2192889.14	2446713.55
申银万国证券股份有限公司上海莘庄证券营业部	1978725.00	
中国银河证券股份有限公司北京阜成路证券营业部	1790762.85	
华泰证券股份有限公司北京西三环北路证券营业部	1643995.00	108988.00

卖出金额最大的前5名：

营业部名称	买入金额(元)	卖出金额(元)
兴业证券股份有限公司武汉青年路证券营业部		7090812.24
国盛证券有限责任公司合肥翠微路证券营业部	117376.00	6021600.10
中国银河证券股份有限公司上海虹井路证券营业部	12278.00	2711299.40
方正证券股份有限公司上海延安西路证券营业部	2192889.14	2446713.55
招商证券股份有限公司济南泉城路证券营业部	6060.00	1510792.34

2 龙虎榜高成功率战法

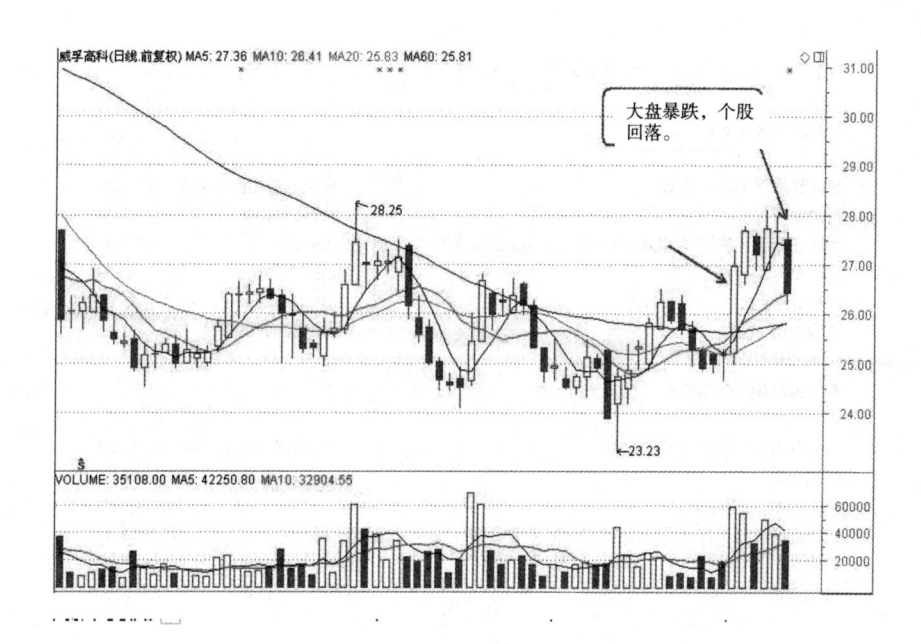

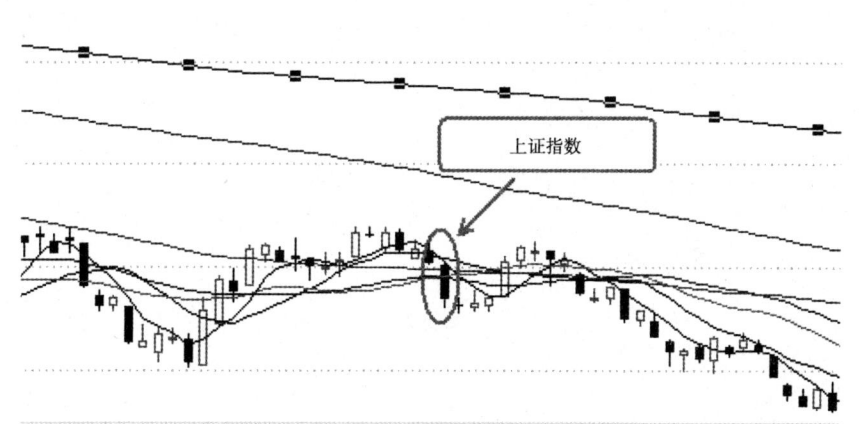

大盘暴跌,个股回落。

上证指数

威孚高科（代码000581） 涨幅偏离值:7.27% 成交量:589万股 成交金额: 15722万元

买入金额最大的前5名

营业部或交易单元名称	买入金额(元)	卖出金额(元)
机构专用	31361361.56	0.00
西南证券股份有限公司重庆嘉陵桥西村证券营业部	18963581.67	23670.00
机构专用	10677708.20	0.00
机构专用	8536442.92	0.00
机构专用	8073052.20	0.00

卖出金额最大的前5名

营业部或交易单元名称	买入金额(元)	卖出金额(元)
机构专用	0.00	9403304.50
机构专用	0.00	9007844.57
光大证券股份有限公司宁波槐树路证券营业部	0.00	8138690.72
机构专用	0.00	6496349.62
机构专用	0.00	5015588.19

威孚高科龙虎榜

3 "旭日东升"战法

当出现很多根小阳线整齐排列，如缓缓升起的太阳，该形态被称为"旭日东升"。

原理：

①那么多根小阳线整齐排列，能够把K线控制得如此有规则、有美感，说明此庄非等闲之辈。

②缓缓蓄势，主力连差价都懒得做，志存高远。

大形态构筑时间越长，爆发空间越大

小连阳只能看作是启动点，是主升浪前期的最后蓄势动作。如果大形态不好，就没多大参与价值。

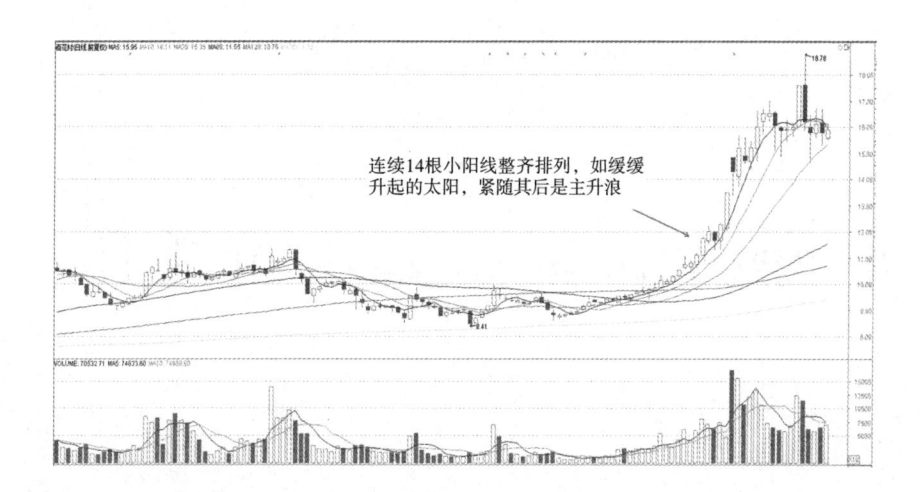

连续14根小阳线整齐排列，如缓缓升起的太阳，紧随其后是主升浪

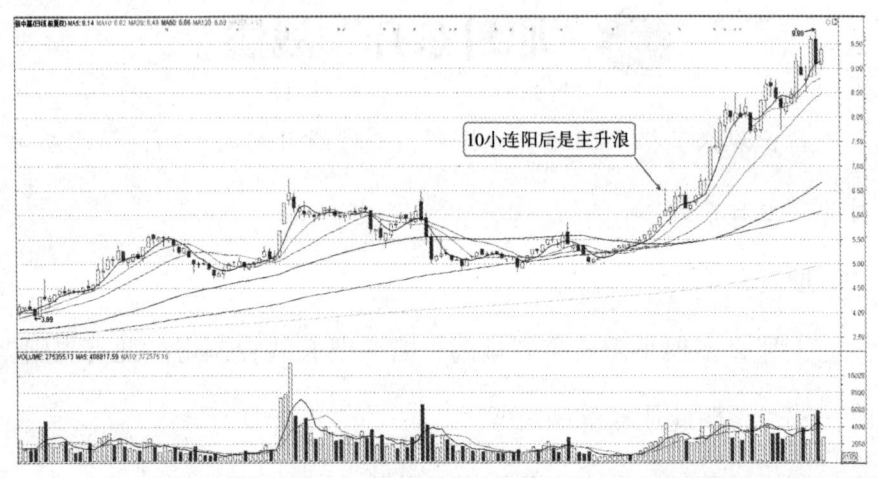

形态上有长时期的平台盘整，主力经过长时间的吸筹，成本得到有效的控制，一旦突破平台，涨势是惊人的。

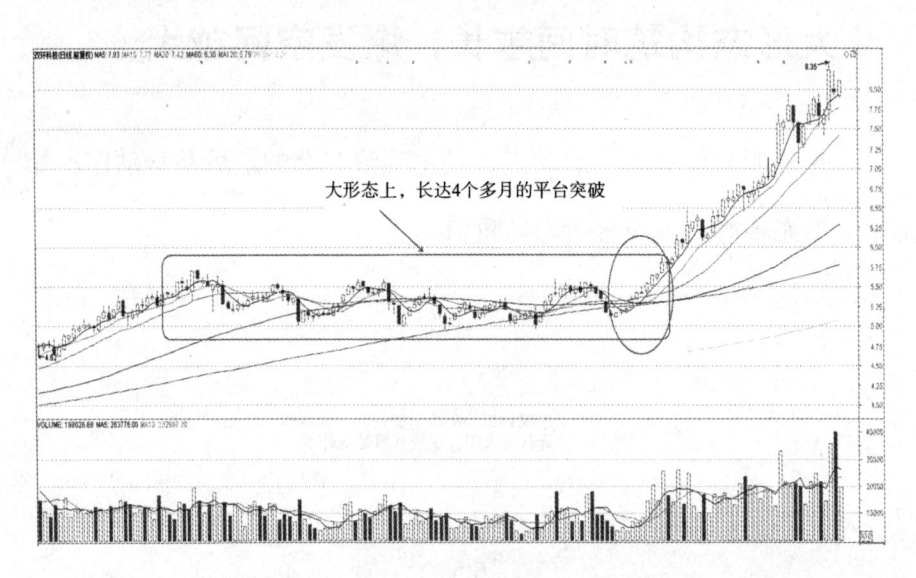

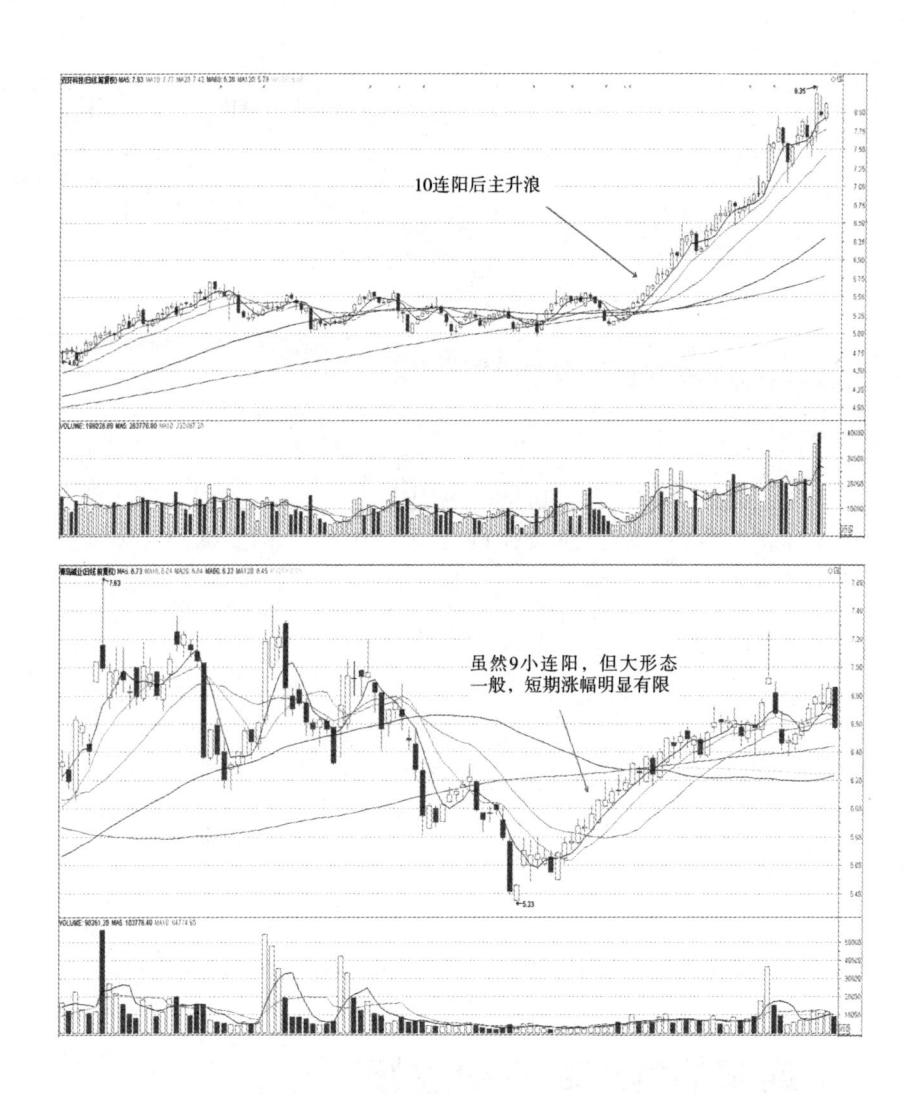

[图表说明：10连阳后主升浪]

[图表说明：虽然9小连阳，但大形态一般，短期涨幅明显有限]

至少要 7 根小连阳以上，数量越多越好

越多小阳线，说明强庄在运作这只股票的可能性越高，蓄势越充分，未来涨幅更可观。

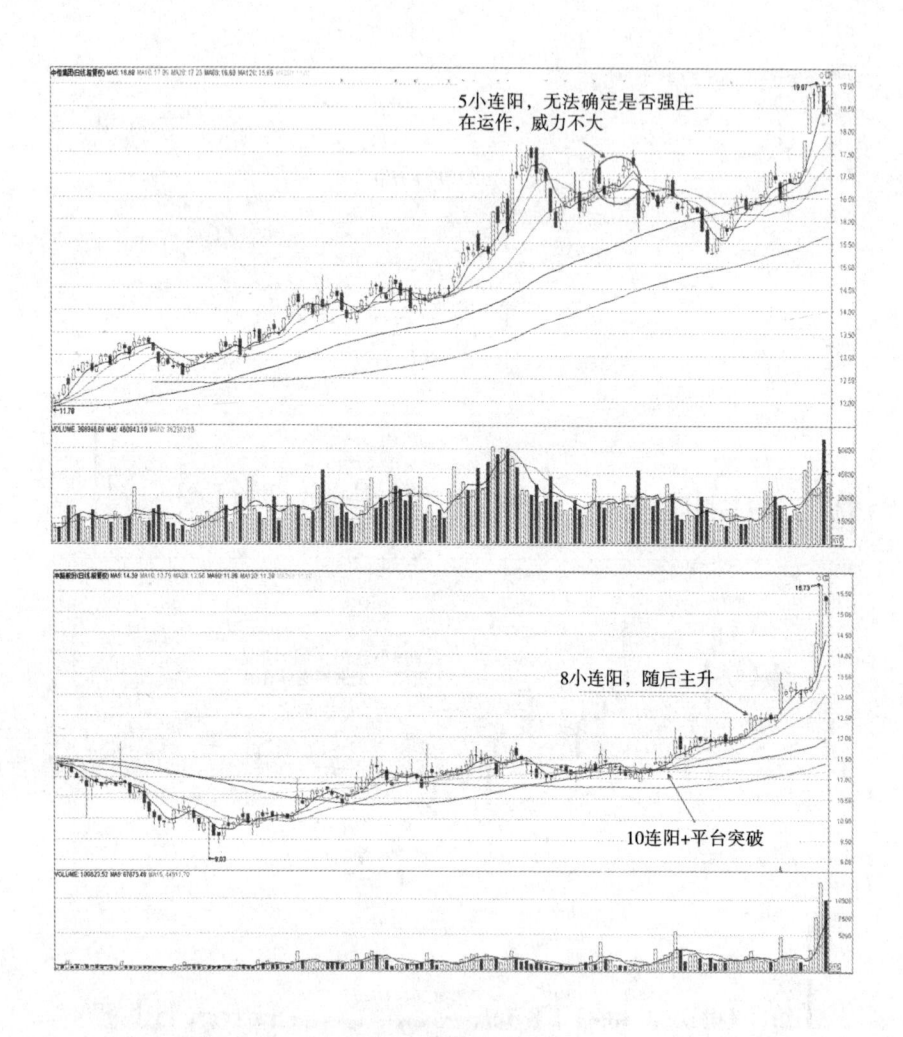

[图中标注:
- 5小连阳，无法确定是否强庄在运作，威力不大
- 8小连阳，随后主升
- 10连阳+平台突破]

📈 小连阳的角度越平缓越好

最好小于 45 度，小连阳的整体涨幅越小越好。因为角度越陡、整体涨幅越高，它本身就是主升浪而不是蓄势动作，透支了未来的空间。

3 "旭日东升"战法

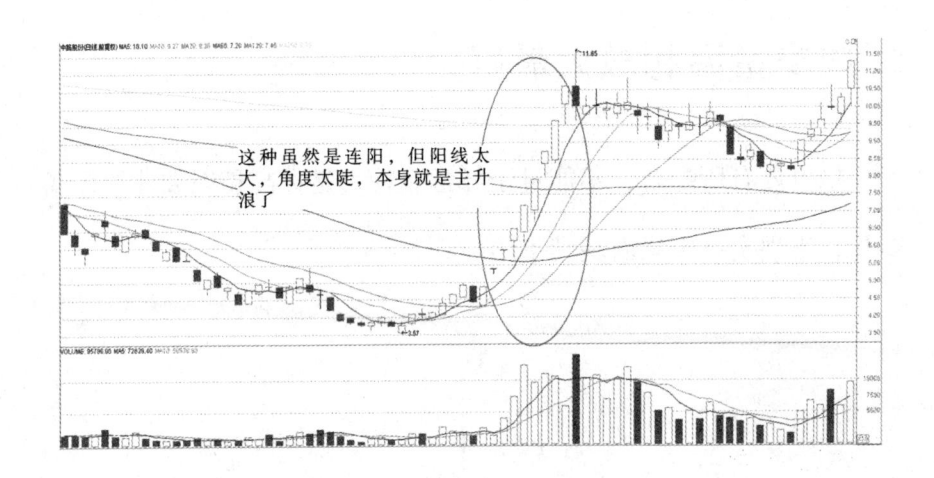

[图：K线图，标注"这种虽然是连阳，但阳线太大，角度太陡，本身就是主升浪了"]

📈 周线小连阳的威力更大

时间级别越大，上涨空间自然也越大。周期越长，主力吸筹得越充分，在爆发的时候，上涨空间会很大。

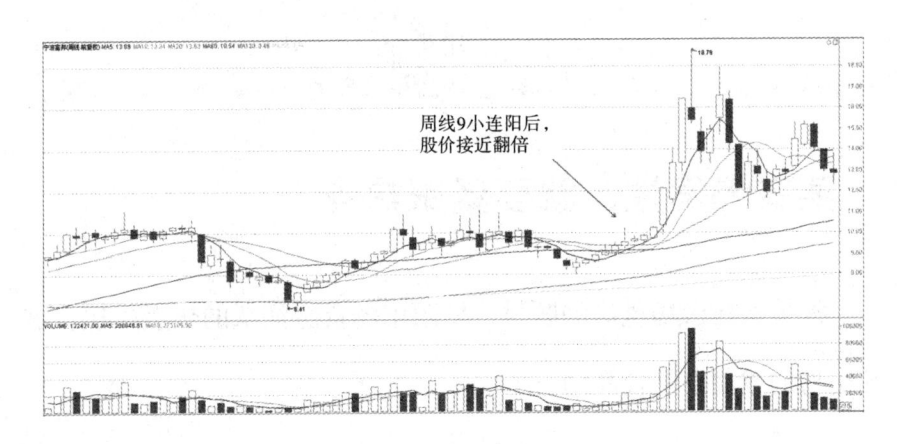

[图：K线图，标注"周线9小连阳后，股价接近翻倍"]

成交量温和放大最好

量价要有所配合,不能过于异常。特别是在高位时要小心量价变化,出现卖点要果断获利了结。

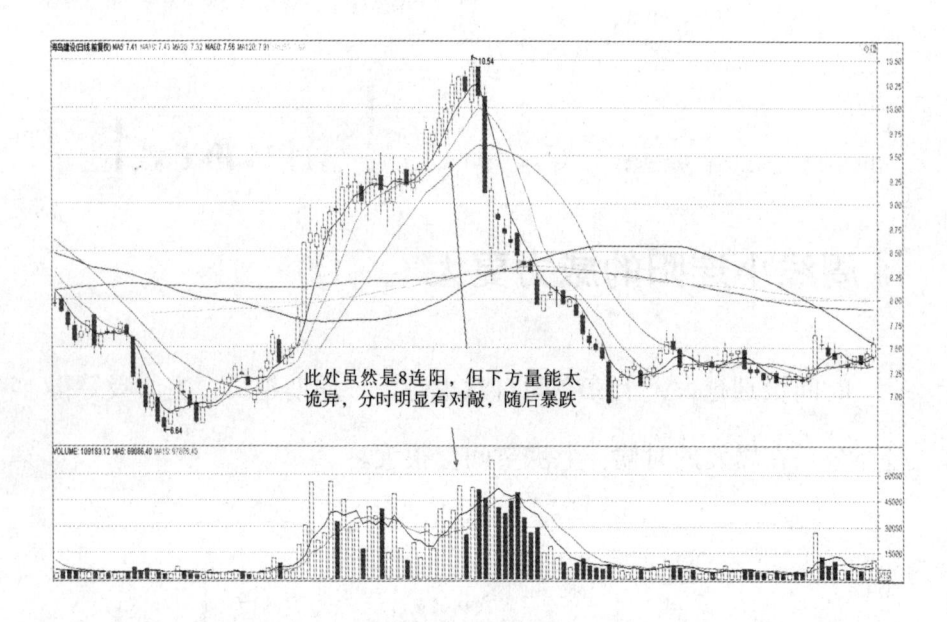

此处虽然是8连阳,但下方量能太诡异,分时明显有对敲,随后暴跌

要有爆发性,就要紧跟热点

挖掘站在市场风口的题材,紧跟市场资金活跃的热点板块,这种交易的成功率是较高的。

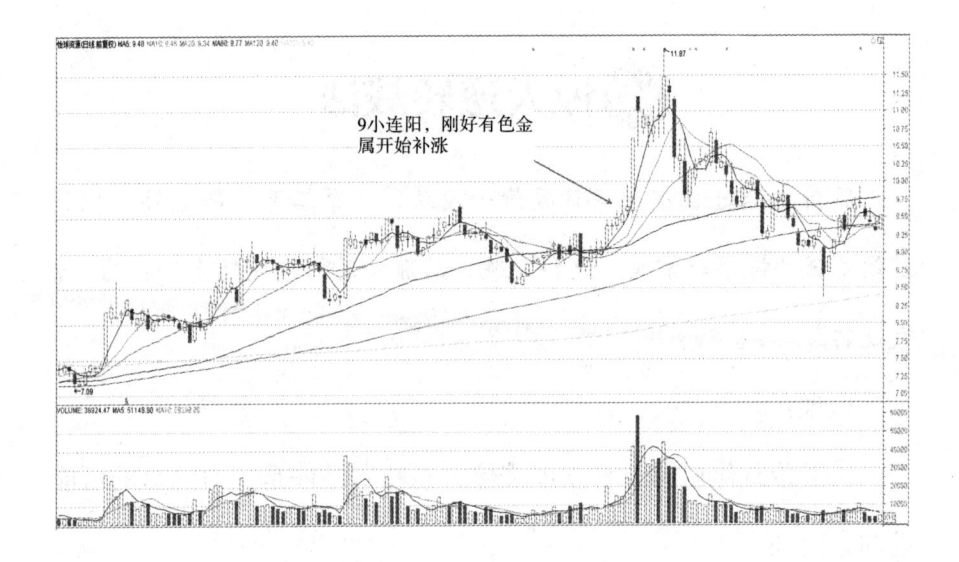

3 "旭日东升"战法

9小连阳,刚好有色金属开始补涨

❹ 惊天逆转战法

股价上涨过程中，某日股价一度跌停，第二天立即涨停，短期继续走强的概率非常高。这种先跌停后涨停的短期逆转走势称为"惊天逆转"。

原理：

①股价跌停后第二日立即涨停，意味着跌停是主力洗盘的可能性非常之高。

②敢于第二日立即涨停，一方面说明主力实力强大，另一方面说明股价短期要继续走强。

股价要在上涨态势中

只有在上涨态势，才能更确定是否有主力运作，股价继续走强的可能性才更高，最好是股价加速状态。所谓上涨态势，就是股价重心逐步抬高。

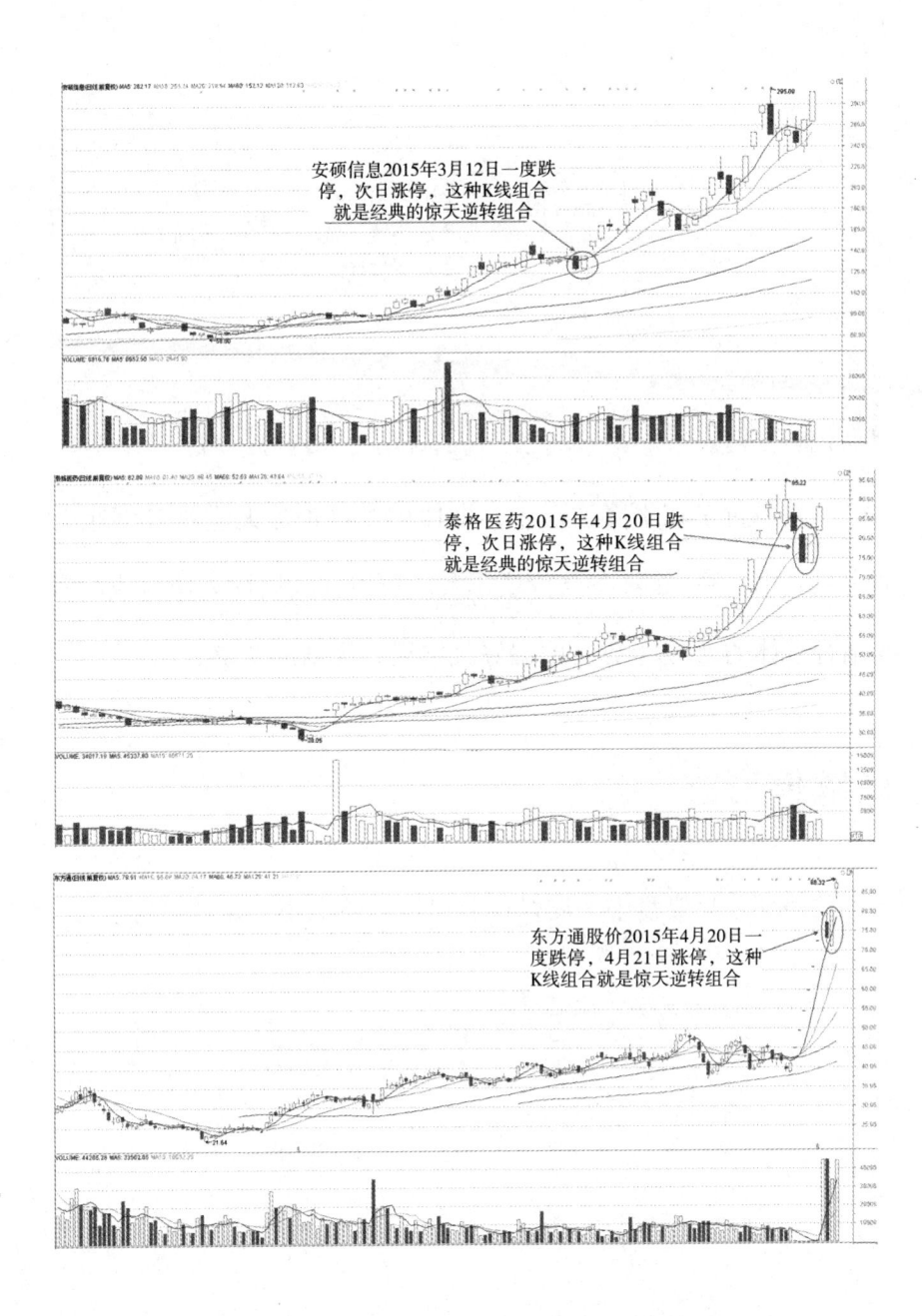

4 惊天逆转战法

安硕信息2015年3月12日一度跌停，次日涨停，这种K线组合就是经典的惊天逆转组合

泰格医药2015年4月20日跌停，次日涨停，这种K线组合就是经典的惊天逆转组合

东方通股价2015年4月20日一度跌停，4月21日涨停，这种K线组合就是惊天逆转组合

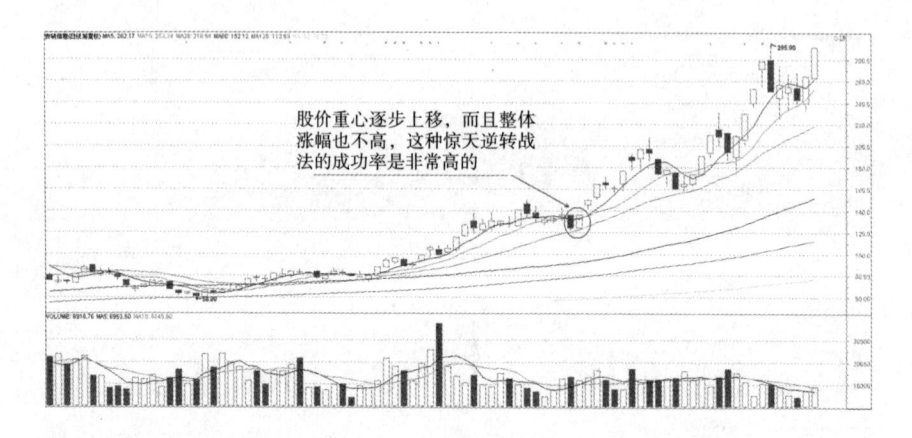

[图：K线走势图，标注"股价重心逐步上移，而且整体涨幅也不高，这种惊天逆转战法的成功率是非常高的"]

如果股价是在下降通道中，即使出来这种惊天逆转K线组合，那也只是个反弹而已，参与价值不大。所以在利用惊天逆转战法时，要结合整体的K线走势，把握好大格局，提高成功率。

跌停形态

跌停那天只要盘中一度跌停就可以，收盘不一定要跌停。

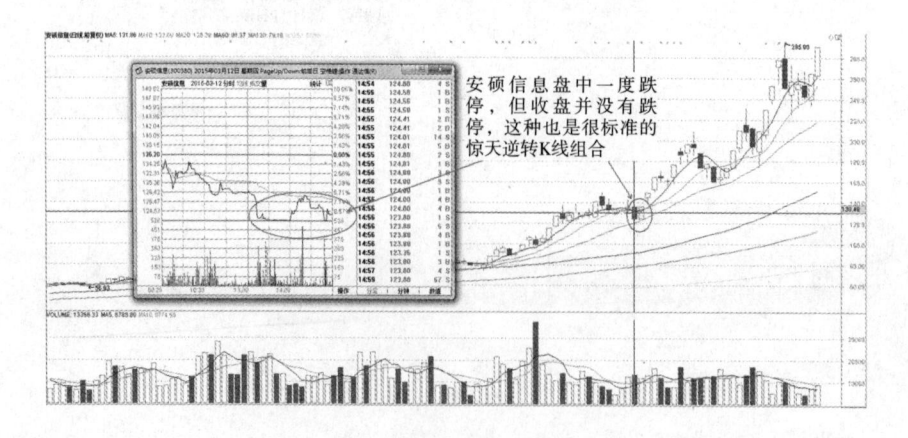

[图：K线走势图，标注"安硕信息盘中一度跌停，但收盘并没有跌停，这种也是很标准的惊天逆转K线组合"]

4 惊天逆转战法

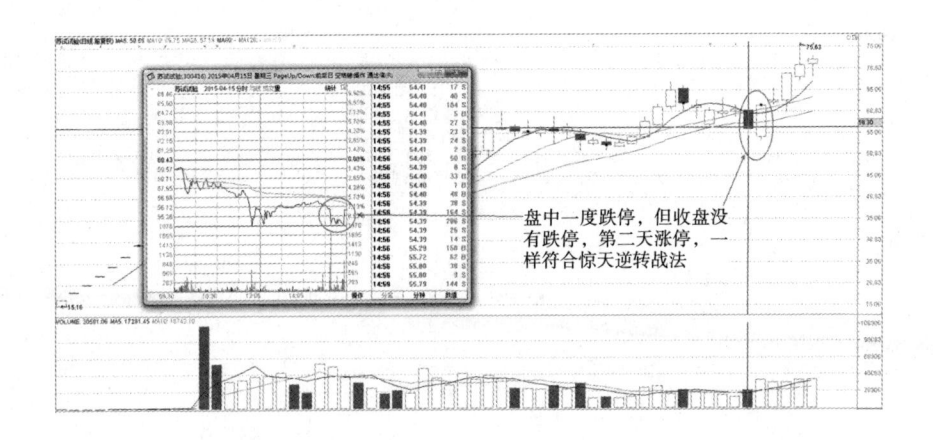

盘中一度跌停，但收盘没有跌停，第二天涨停，一样符合惊天逆转战法

📈 涨停那天的分时量价要健康

最好要封死涨停，量能不能过大，量能太大表示主力换手的机率大，这样向上的动能就小了。

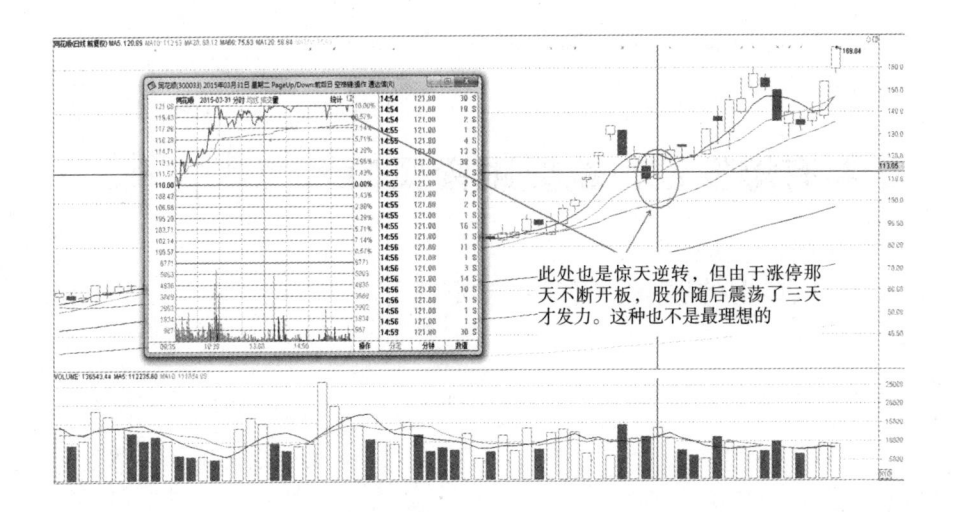

此处也是惊天逆转，但由于涨停那天不断开板，股价随后震荡了三天才发力。这种也不是最理想的

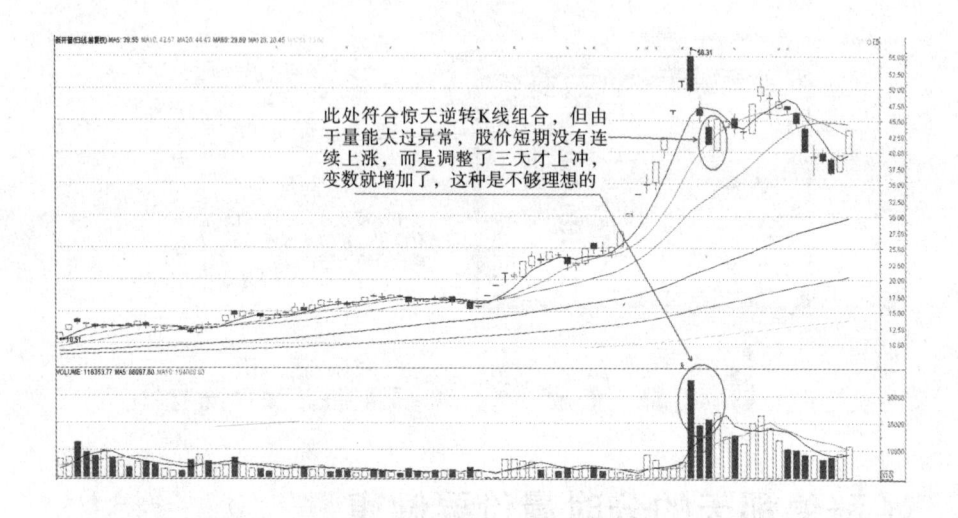

[图表：此处符合惊天逆转K线组合，但由于量能太过异常，股价短期没有连续上涨，而是调整了三天才上冲，变数就增加了，这种是不够理想的]

📈 整体位置不能过高

这样安全性更高。波段涨幅最好在一倍以内。所谓波段涨幅就是一口气上涨，中间没怎么调整。

📈 要有爆发性，就要跟紧风口

在风口上的股票，轻易就吹起来了。

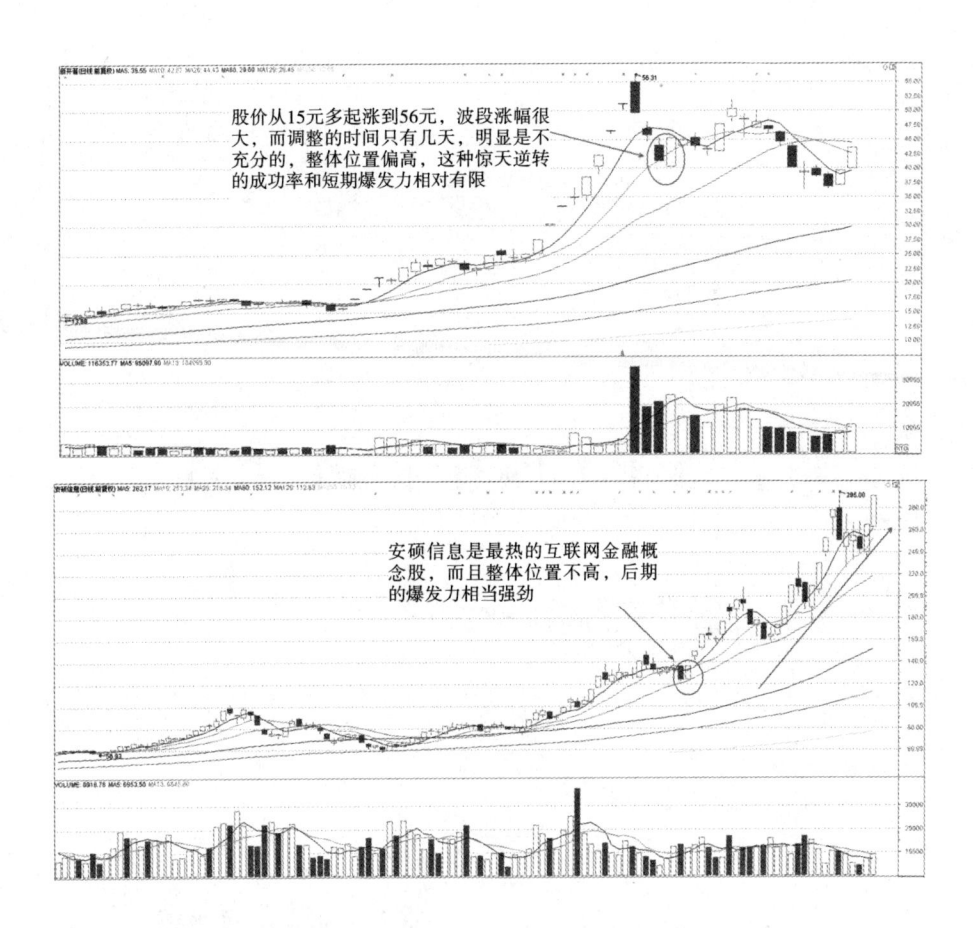

4 惊天逆转战法

> 股价从15元多起涨到56元,波段涨幅很大,而调整的时间只有几天,明显是不充分的,整体位置偏高,这种惊天逆转的成功率和短期爆发力相对有限

> 安硕信息是最热的互联网金融概念股,而且整体位置不高,后期的爆发力相当强劲

买点选择

出现这种K线组合,涨停当日买进。接下来越强势越好,如果一直强势就持股到出现卖点为止,如果次日震荡,或者买入后不如预期,就择机出局。

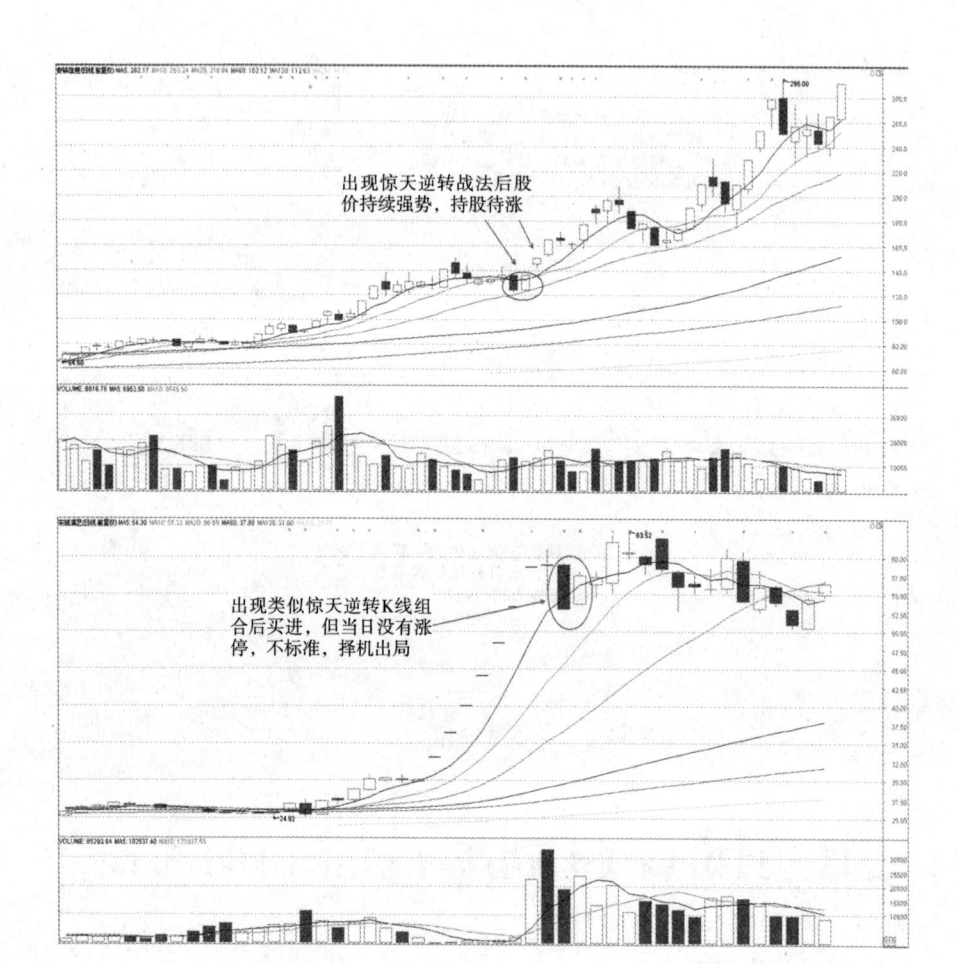

短线金手❷
经典形态战法实战剖析

出现惊天逆转战法后股价持续强势，持股待涨

出现类似惊天逆转K线组合后买进，但当日没有涨停，不标准，择机出局

⑤ 年中高送转战法

高送转实质是上市公司较高比例的分红策略，也就是股东权益的内部结构调整，对净资产收益率没有影响，对公司的盈利能力也并没有任何实质性影响。

在公司"高送转"方案的实施日，公司股价将做除权处理，也就是说，尽管"高送转"方案使得投资者手中的股票数量增加了，但股价也将进行相应的调整，投资者持股比例不变，持有股票的总价值也未发生变化。

在每年6月半年报披露的时候，高送转板块属于必炒的板块。

从每年来看，预期高送转行情必定是发生在次新股板块。以下是2016年中按一定条件选出来的具备高送转预期的次新股情况。

代码	名称	每股未分配	每股公积	每股收益	AB股总市值
603822	嘉澳环保	3.4	1.1	0.067(-)	43.53亿
603936	博敏电子	2.1	2.1	0.042(-)	81.85亿
300503	昊志机电	2.3	2.7	0.090(-)	70.39亿
300507	苏奥传感	3.9	0.3	0.333(-)	78.69亿
300505	川金诺	1.9	3.0	0.080(-)	53.52亿
300506	名家汇	1.4	1.7	0.110(-)	58.78亿
002788	鹭燕医药	3.8	5.1	0.200(-)	74.39亿
002787	华源包装	2.4	3.1	0.203(-)	70.54亿
002779	中坚科技	2.8	2.7	0.109(-)	58.95亿
300509	新美星	2.0	1.2	0.232(-)	52.56亿
300511	雪榕生物	3.0	0.7	0.348(-)	89.25亿
002778	高科石化	2.8	2.4	0.115(-)	39.04亿
603520	司太立	1.6	3.8	0.280(-)	58.88亿
603798	康普顿	2.0	3.6	0.306(-)	59.41亿
603726	朗迪集团	3.8	0.0	0.140(-)	44.75亿
603696	安记食品	1.8	2.7	0.076(-)	44.92亿
002789	建艺集团	3.6	7.5	0.310(-)	59.54亿
603029	天鹅股份	3.4	0.8	0.026(-)	37.67亿
300502	新易盛	4.4	5.9	0.370(-)	80.51亿

代码	名称	每股未分配	每股公积	每股收益	AB股总市值
002783	凯龙股份	6.2	6.3	0.192(一)	71.47亿
603027	XD千禾味	1.6	2.5	0.200(一)	52.78亿
300501	海顺新材	3.0	6.0	0.252(一)	51.80亿
002781	奇信股份	2.6	3.1	0.175(一)	90.34亿
300482	万孚生物	1.3	2.2	0.149(一)	79.73亿
002777	久远银海	1.4	2.5	0.069(一)	92.14亿
300491	通合科技	1.4	2.5	0.080(一)	97.84亿
002790	瑞尔特	2.4	4.2	0.196(一)	70.06亿
002780	三夫户外	1.9	2.3	0.008(一)	49.11亿
002775	文科园林	3.3	4.7	0.062(一)	56.17亿
300497	富祥股份	3.0	4.4	0.512(一)	78.48亿
300487	蓝晓科技	2.5	4.8	0.112(一)	46.52亿
300500	苏州设计	2.8	6.4	0.144(一)	46.38亿
603608	天创时尚	1.2	3.0	0.050(一)	60.82亿
603778	乾景园林	1.6	2.2	0.062(一)	49.80亿
603999	读者传媒	2.3	2.1	0.041(一)	84.21亿
300483	沃施股份	2.1	3.1	0.177(一)	34.56亿
603979	金诚信	3.2	4.9	0.116(一)	85.87亿
002771	真视通	2.5	3.4	0.150(一)	75.91亿
603116	红蜻蜓	4.0	2.2	0.186(一)	93.74亿
603223	恒通股份	1.5	2.3	0.097(一)	35.72亿
002776	柏堡龙	1.1	2.4	0.168(一)	64.40亿
603919	金徽酒	1.6	2.6	0.400(一)	86.52亿
603838	四通股份	1.6	2.1	0.113(一)	43.36亿
300488	恒锋工具	5.0	3.3	0.204(一)	45.07亿
603996	中新科技	1.5	2.2	0.009(一)	93.65亿
300489	中飞股份	3.6	4.7	0.086(一)	42.79亿

以下是已公布拟半年报高送转个股市场表现：

和而泰（10送2转13派0.2元）

彩虹精化（10 转 30）

最具备填权逻辑的个股市场表现：天赐材料（强大基本面支撑＋资金扎堆＋人气指标股＋股价重心稳＋筹码稳）。

高送转相关时间

年度业绩预报：1 月 31 日之前（净利润为负值、净利润与上年同期相比上升或者下降 50% 以上、实现扭亏为盈情况必须发布预报）。

年报公布时间：4月30日前（需提前预约）。

年度股东大会：6月30日前（提前通知）。

实施分红时间：股东大会召开后2个月内实施。

年报公布前10日收益分析：高送转可能性最大的50只股票，年报公布前10日相对于沪深300指数均有正超额收益；平均绝对收益率为3.42%，超额收益2.91%。

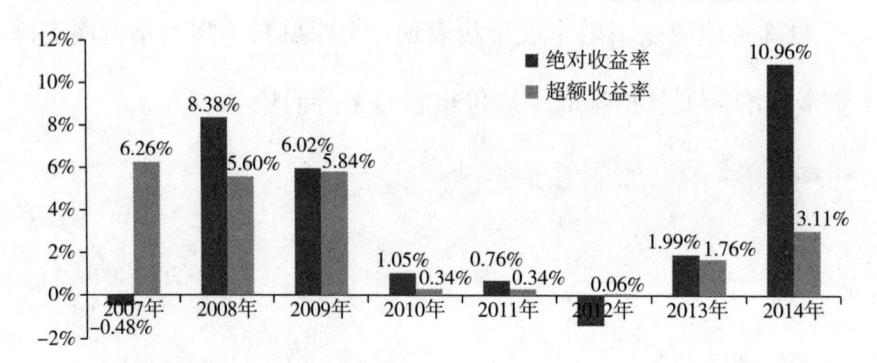

```
      12% ┐                                                        10.96%
      10% ┤                                ■ 绝对收益率
       8% ┤    8.38%                       ■ 超额收益率
       6% ┤    6.26% 5.60% 6.02% 5.84%
       4% ┤                                                         3.11%
       2% ┤                  1.05%  0.76%          1.99% 1.76%
       0% ┤         0.34%    0.34%    0.06%
      -2% ┤ 2007年 2008年 2009年 2010年 2011年 2012年 2013年 2014年
           -0.48%
```

资料来源：海通证券研究所，Wind

高送转股预测模型：

①每股资本公积+未分配利润，可反映公司实施高送转的能力。

②成长性因子，如每股盈利等，对提高预测命中率的边际效应很小。

③股价/股本越高，公司实施高送转的意愿更强。

④未来半年存在解禁、上市时间小于5年的公司，实施高送转的可能性更大。

⑤前 50 只股票的平均预测命中率 67.3%。

潜在高送转股市场偏好分析：

①前 10 大股东不包含基金的股票收益率相对较高；股价越低，平均收益越大。

②基于股价、解禁、上市时间和基金大股东打分的前 50 只股票 11 月份的平均超额收益为 8.79%。

③年报公布前 10 天，高送转组合平均绝对收益率为 3.42%，超额收益率为 2.91%。

高送转战法要点

原则：时间优先原则、第一原则

① 11 月至次年 12 月：年报送转预期、部分预案公布

炒作路线：预期强烈个股→预案第一股→预案龙头

② 1 月至 4 月：年报公布、预案陆续公布、预案过会

炒作龙头、龙二

③ 5 月至 6 月：除权除息前炒作

股权登记日前 5 个交易日介入

④ 7 月至 8 月：填权炒作

高送转股相对于沪深300的平均超额收益

	11月	12月	1月	2月	3月	4月
平均	7.35%	0.09%	0.19%	3.00%	1.66%	−4.23%
2007年	9.18%	9.87%	6.55%	5.51%	1.60%	−10.51%
2008年	4.20%	26.06%	−2.34%	−4.25%	3.42%	3.06%
2009年	8.17%	0.56%	5.92%	6.51%	9.72%	−2.38%
2010年	17.25%	−2.42%	−9.59%	2.27%	−7.29%	−8.98%
2011年	5.68%	−5.78%	−16.08%	8.53%	−2.19%	−7.60%
2012年	−5.12%	7.75%	−5.74%	5.07%	4.12%	−1.07%
2013年	24.29%	7.24%	9.52%	−1.72%	−4.80%	−1.97%
2014年	−4.83%	−42.53%	13.28%	2.07%	8.66%	−4.42%

资料来源：海通证券研究所，Wind

高送转股相对于沪深300的平均绝对收益

	11月	12月	1月	2月	3月	4月
平均	7.36%	5.75%	−1.73%	5.97%	1.64%	−1.36%
2007年	−7.73%	23.09%	−7.08%	6.61%	−16.87%	−5.67%
2008年	15.21%	25.72%	7.64%	0.04%	21.53%	7.15%
2009年	17.71%	2.50%	−4.89%	9.11%	11.41%	−10.81%
2010年	9.77%	−2.39%	−12.09%	7.34%	−7.85%	−10.06%
2011年	0.03%	−15.42%	−11.73%	15.69%	−8.59%	−0.38%
2012年	−10.30%	25.83%	−0.45%	4.93%	−2.50%	−2.64%
2013年	27.03%	3.37%	4.32%	−2.10%	−6.07%	−1.27%
2014年	7.15%	−16.72%	10.47%	6.10%	22.05%	12.83%

资料来源：海通证券研究所，Wind

2014年年报高送转股不同区间的收益表现

	间隔天数	绝对收益 累计收益	平均日收益	累计收益	平均日收益	累计收益	平均日收益
预披露—预案日	35.3	37.26%	1.45%	20.68%	0.89%	6.17%	0.56%
预案日—股东大会	19.3	21.00%	1.10%	11.20%	0.59%	1.11%	0.07%
股东大会—分红实施公告	11.2	13.29%	1.60%	10.05%	1.16%	4.25%	0.61%

续表

	间隔天数	绝对收益					
		累计收益	平均日收益	累计收益	平均日收益	累计收益	平均日收益
从可买入日开始统计（剔除涨停的交易日）							
预披露—预案日	35.1	34.23%	1.27%	17.92%	0.71%	3.36%	0.38%
预案日—股东大会	19.1	19.30%	1.01%	9.58%	0.50%	−0.46%	−0.02%
股东大会—分红实施公告	11.1	12.66%	1.52%	9.48%	1.09%	3.78%	0.55%

资料来源：海通证券研究所，Wind

高送转个股目标价预测（个人经验总结）

目标价 = 预案公告日近期波段底部价格 ×（送股比率 + 转股比率）

永大集团（002622）

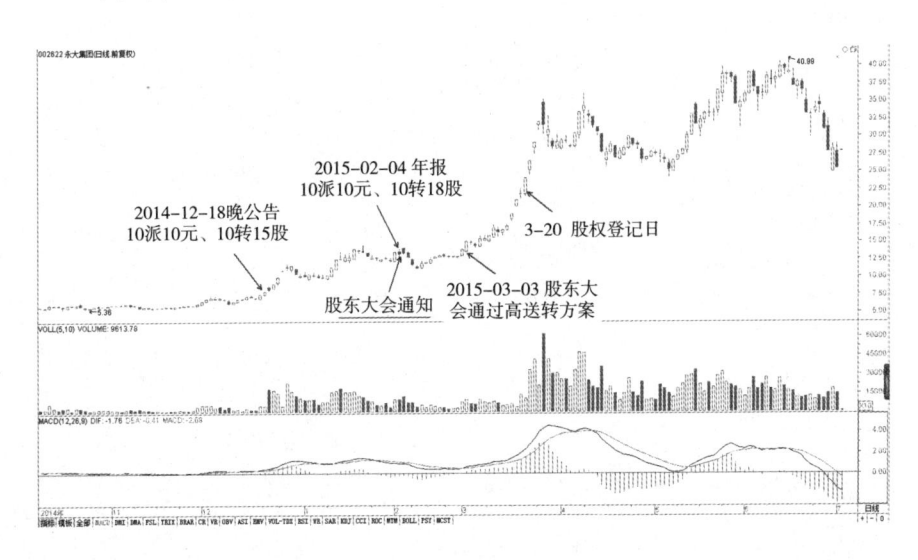

赛象科技（002337）

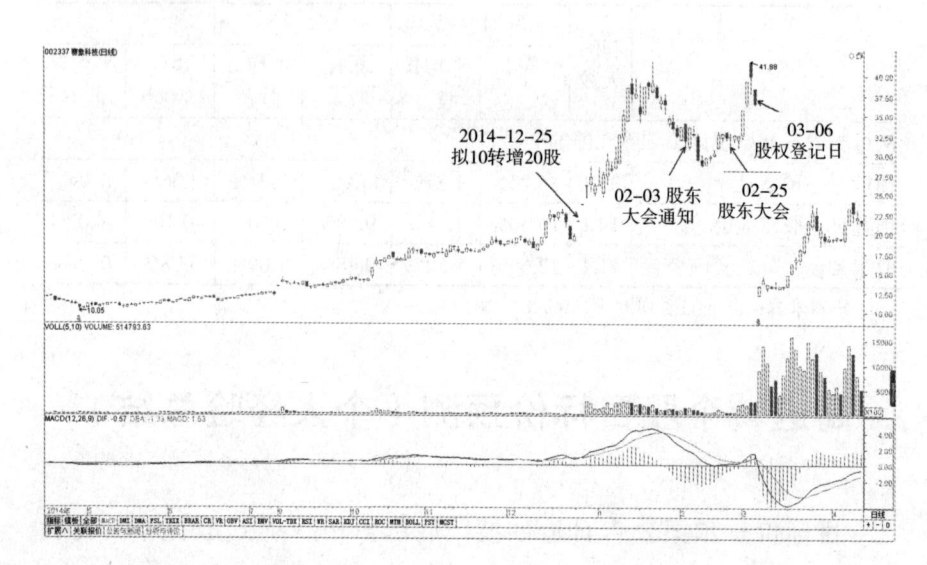

华东重机（002685）

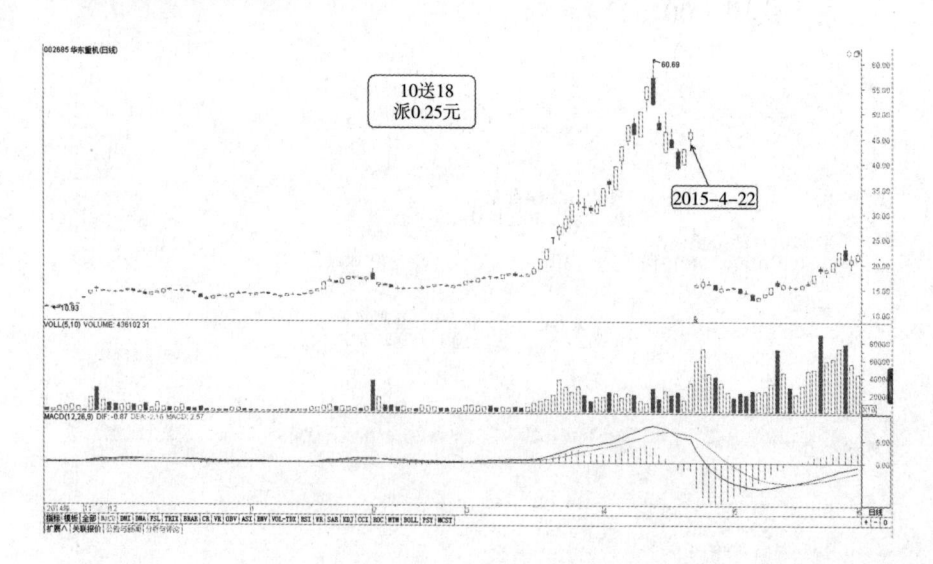

亚太科技（002540）

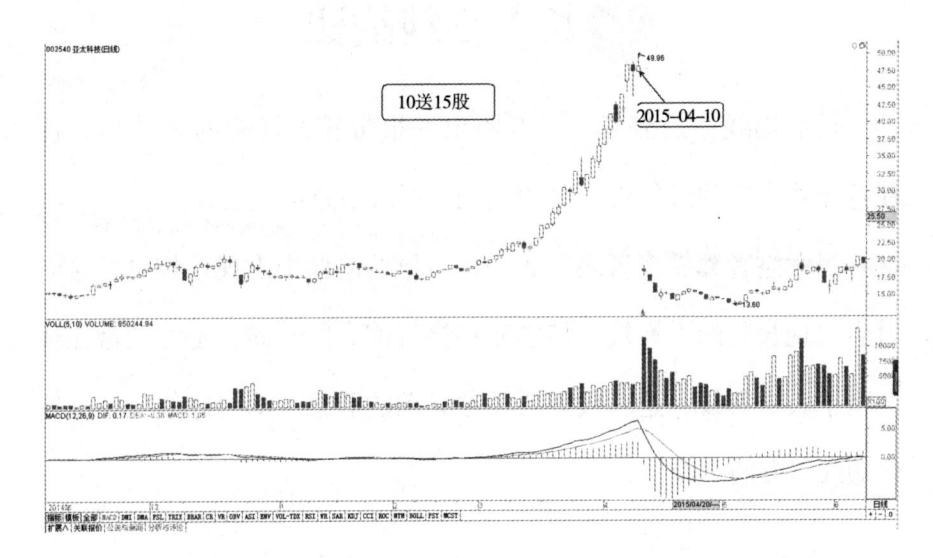

文峰股价（601010）

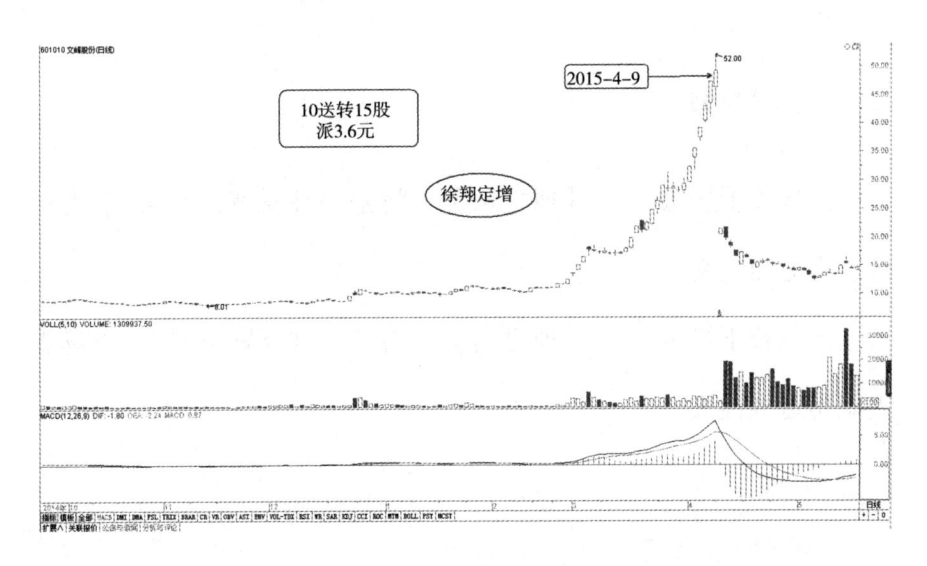

❻ 长上影线战法

长上影线，是当某只股票收出一根带长上影线的K线后，往往意味着该股的股价将有可能达到上影线所指的高度。

当做空者和做多者之间的一种力量的博弈中出现分歧时，这时就会出现长长的上影线，特别是在接近前高的时候，主力试盘往往会留下长上影线，这时候需要关注异动的股票，功力好的或许能抓住短线爆发的牛股。

不同阶段出现的长上下影线

1. 上升阶段

出现长上影K线（其独立情况下将是一种看涨信号），其更多机会将是加速突破。

出现长下影K线（其独立情况下将是一种下跌信号），市场进入调整可能性大。

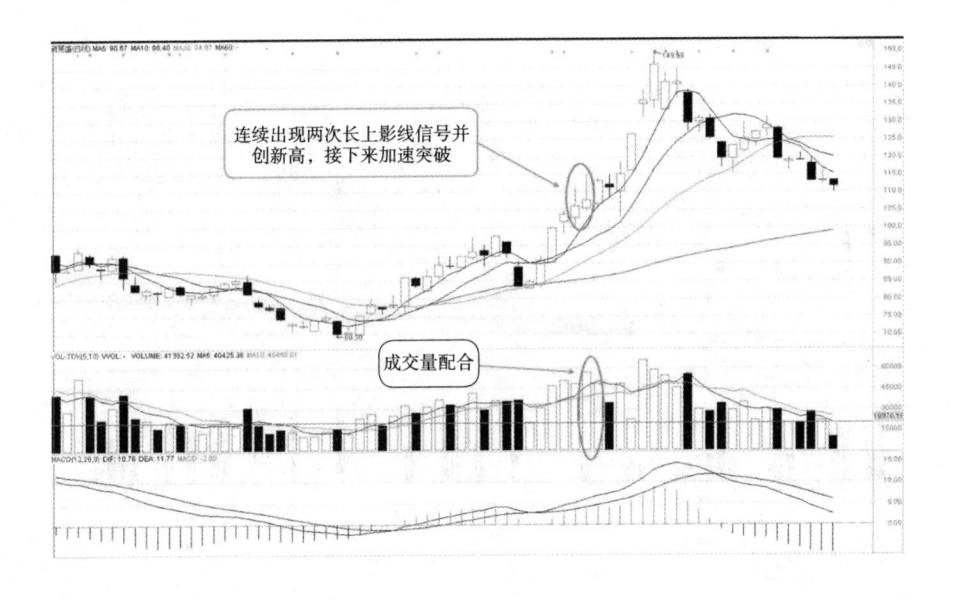

6 长上影线战法

连续出现两次长上影线信号并创新高，接下来加速突破

成交量配合

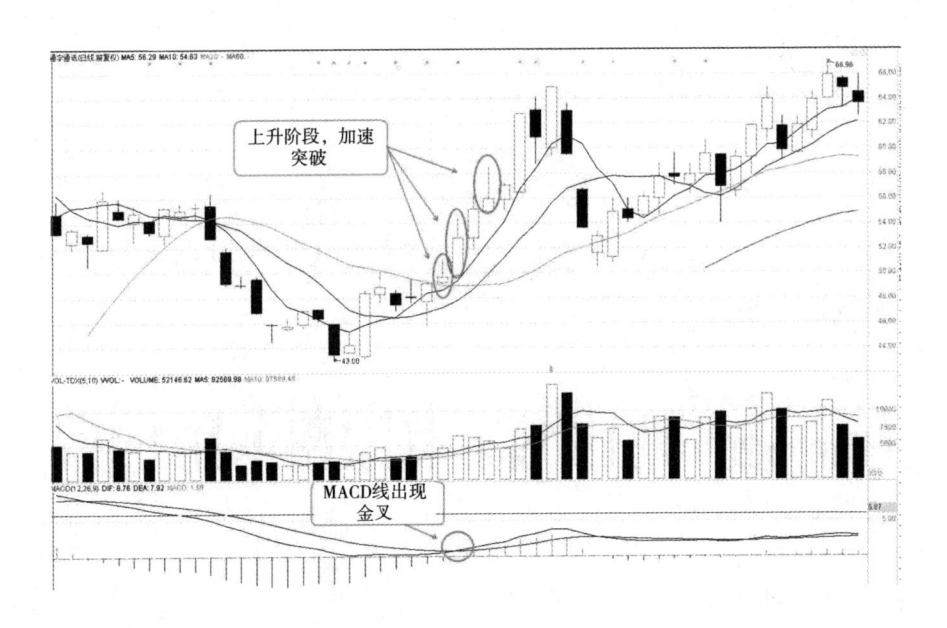

上升阶段，加速突破

MACD线出现金叉

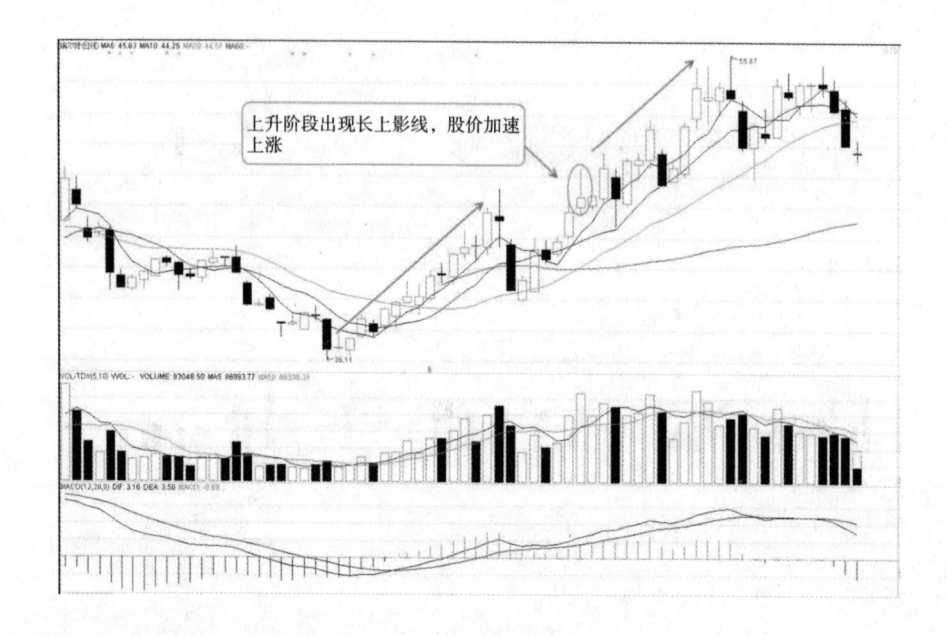

短线金手 ❷
经典形态战法实战剖析

上升阶段出现长上影线，股价加速上涨

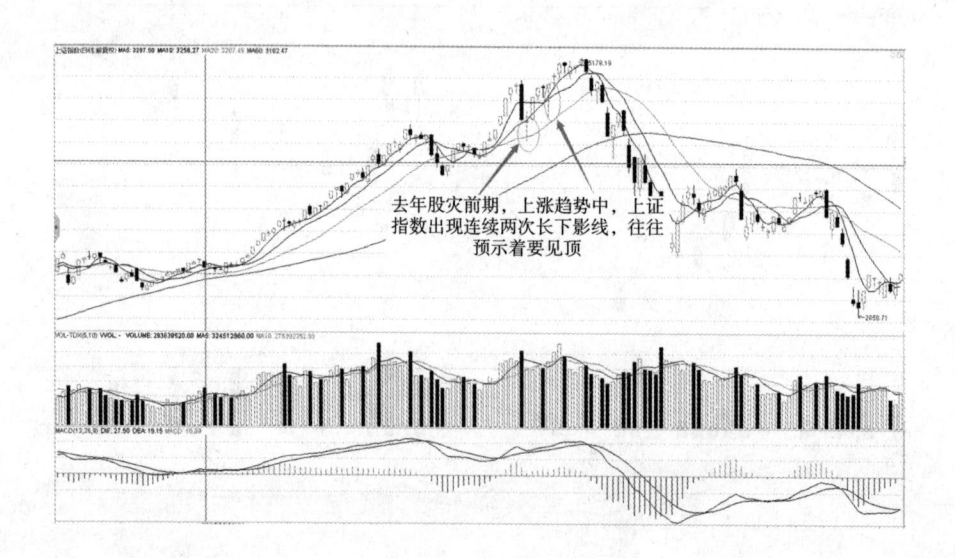

去年股灾前期，上涨趋势中，上证指数出现连续两次长下影线，往往预示着要见顶

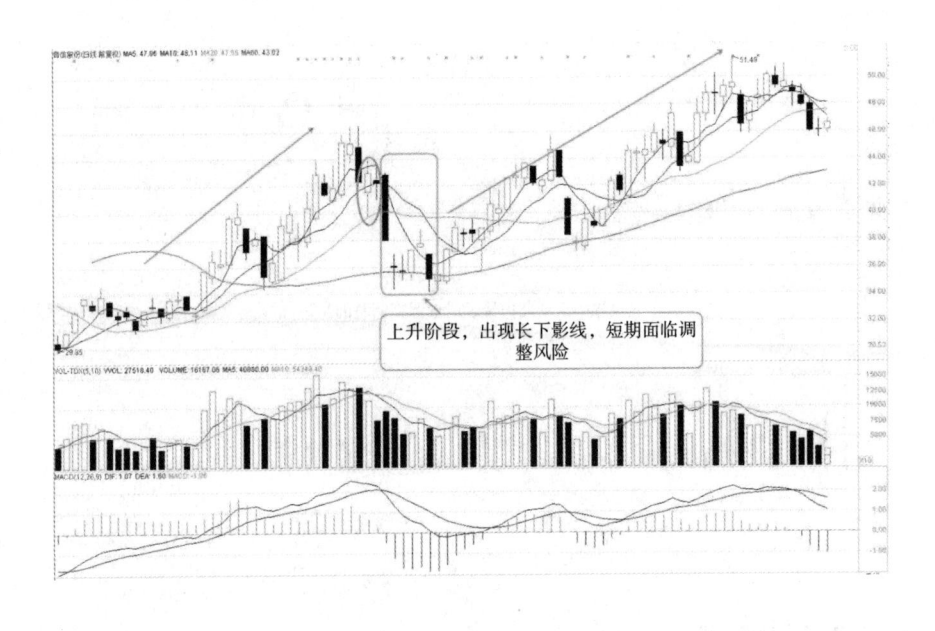

6 长上影线战法

上升阶段，出现长下影线，短期面临调整风险

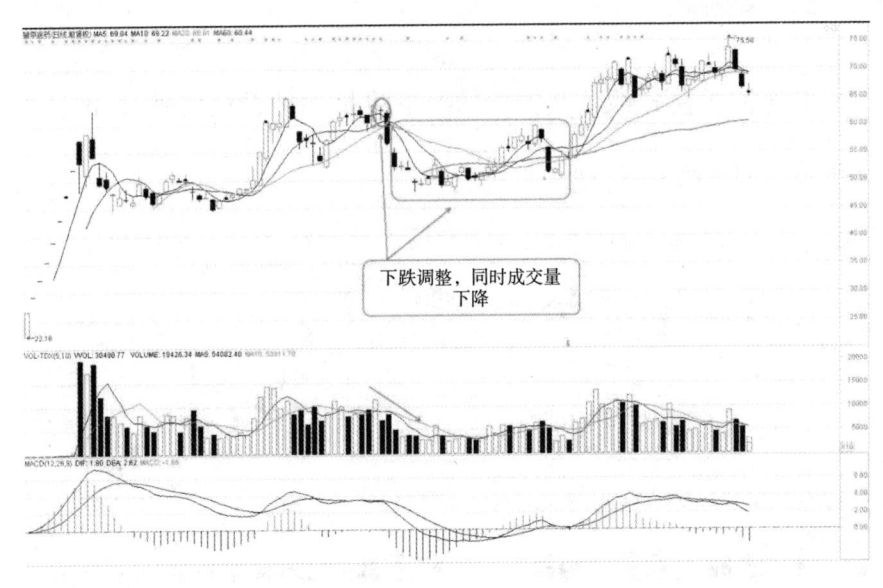

下跌调整，同时成交量下降

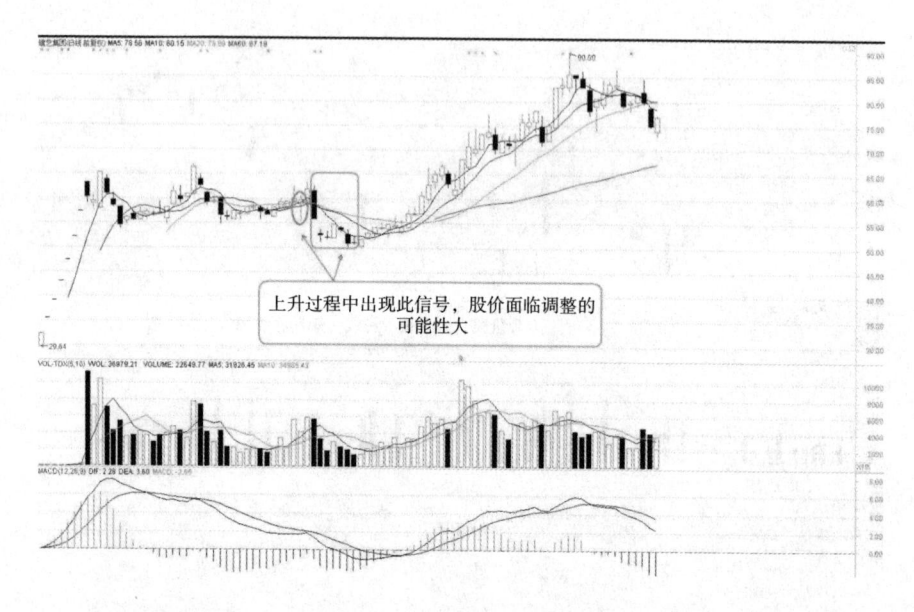

上升过程中出现此信号，股价面临调整的可能性大

2. 下跌阶段

出现长下影K线（其独立情况下将是一种看跌信号），市场更多将是加速下跌。

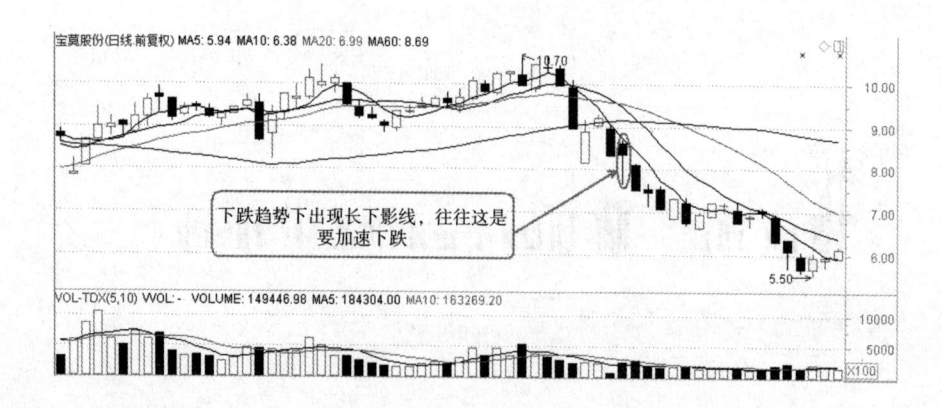

下跌趋势下出现长下影线，往往这是要加速下跌

6 长上影线战法

出现长上影K线（其独立情况下将是一种反弹信号），市场将有短线反弹空间。

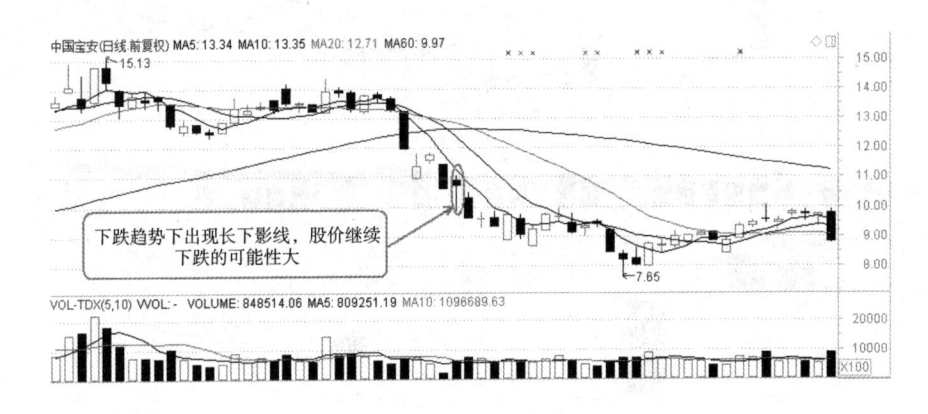

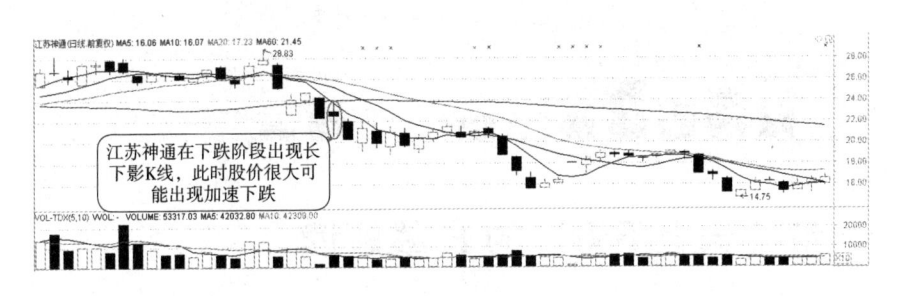

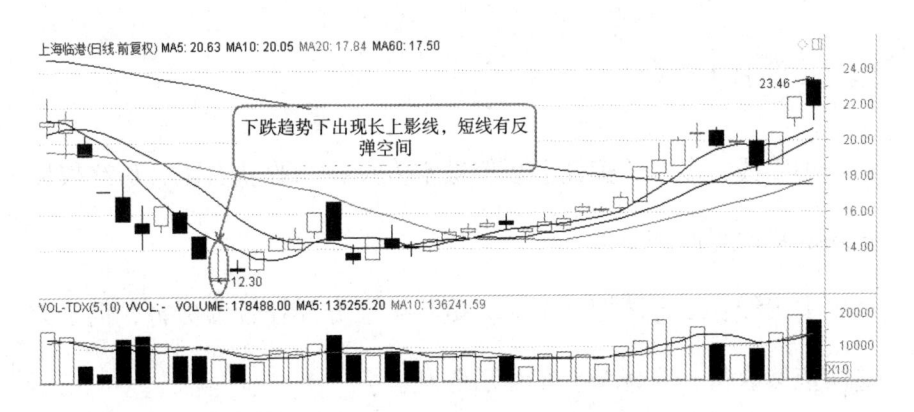

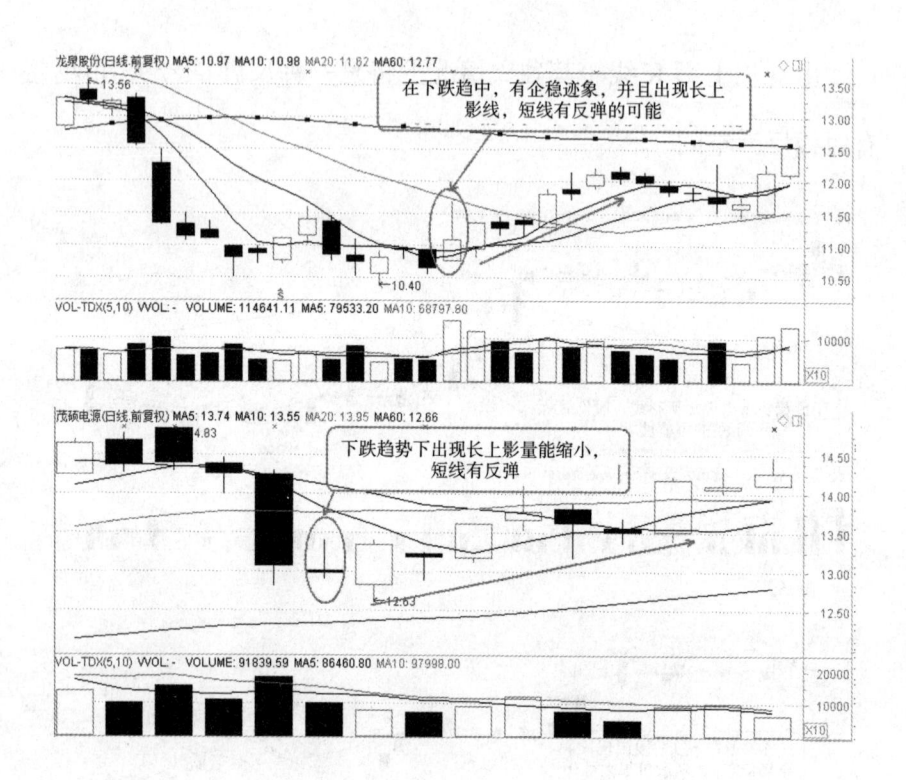

带"长上下影"的 K 线解读

1. 带长上影的

小阳线：多方试探性上攻但被空方反扑，收获有限，最终仅以微弱优势取得胜利。

中阳线：多方试探性上攻，虽然被空方反扑较为厉害，但多方整体依然取得一定优势获得最后胜利。

小阴线：多方试探上攻，但被空方反扑较为厉害，多方无功而返，最终空方反而以微弱优势取得了最后胜利。

中大阴线：多放试探上攻，但被空方猛烈反扑，多方最后不仅无功而返，而且还节节败退，最终空方以占据明显或绝对优势取得胜利。

十字星：虽然多空双方最终打成平手，但多方在这过程中上探的空间较大。

2. 带长下影的

小阴线：空方试探性出击但多方反攻收获有限，最终仅以微弱优势取得胜利。

中阴线：空方试探性出击，虽然被多方反攻较为凶悍，但空方整体依然取得一定优势取得最后胜利。

小阳线：空方试探性出击，受到多方积极反攻，空方无功而返，最终多方以微弱优势取得了最后胜利。

中大阳线：空方试探性出击，受到多方猛烈反攻，空方不仅无功而返，而且还节节败退，最终多方以占据明显或绝对优势取得胜利。

十字星：虽然多空双方最终打成平手，但空方在这过程中下杀的空间较大。

大盘长上影线的运用

带长上影的K线，说明其空方能量巨大，后市调整不可避免，要注意风险。

事实上真是如此吗？对市场的统计以及操盘的经验告诉我这个答案是错误的，大多数情况下是恰恰相反的。

在把握个股前，最重要的就是要看清当前的环境，即属于上涨阶段还是下跌阶段。

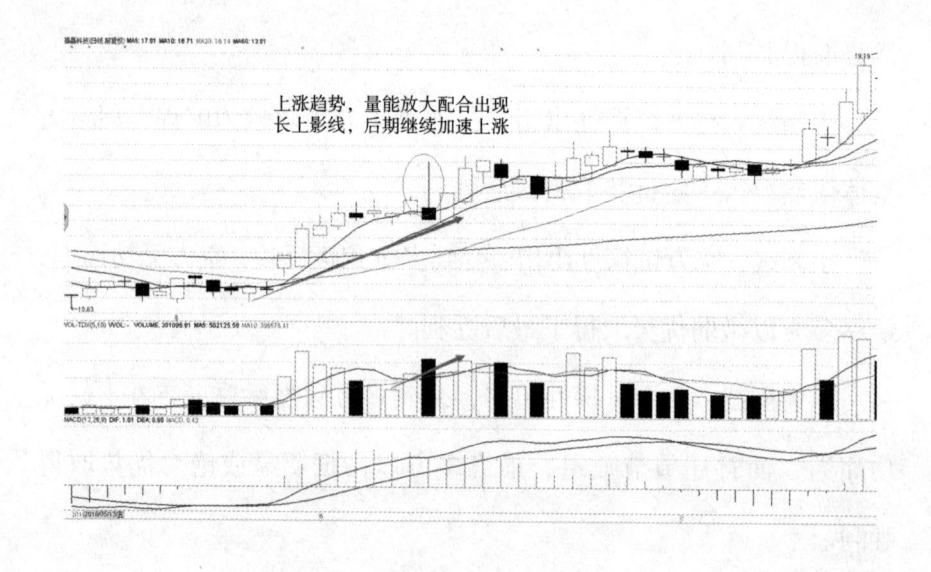

上涨趋势，量能放大配合出现长上影线，后期继续加速上涨

6 长上影线战法

📈 大盘长下影线的运用

长下影线出现后，后市调整的概率极大，长下影线出现的环境（是上升趋势还是下跌趋势）不同，作用会有一些区别。

如果出现在上升趋势中，往往该下影线的最低点具有一定的支撑作用，如果不跌破该低点意味着后市更多的是机会。

如果长下影线出现在下跌趋势中，那么该长下影线的最低点往往将不是最低点，后市创出新低的概率大。

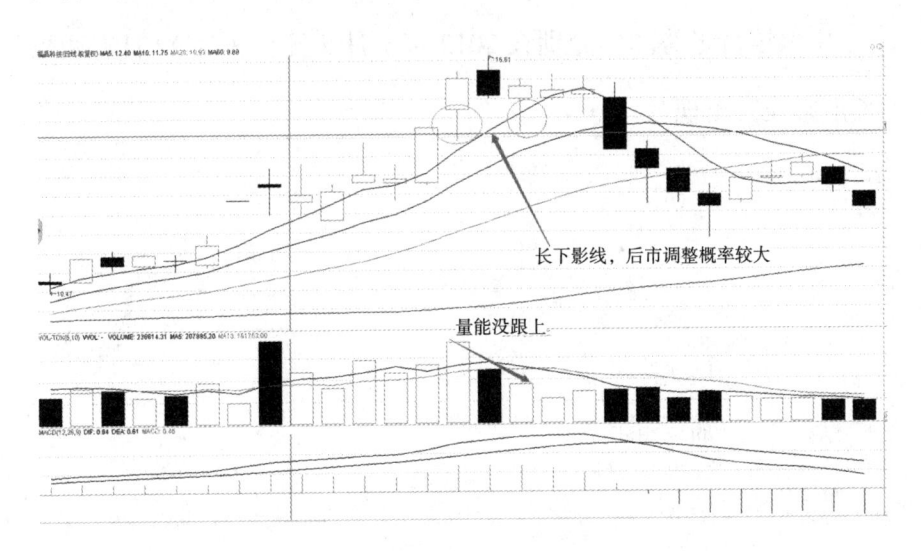

图中标注：长下影线，后市调整概率较大；量能没跟上

📈 总结

只要具备长上影线这个条件，其对未来都有比较大的向上牵引

力，只不过在上涨阶段中，表现得更为激烈突出罢了，下跌阶段中就演变成下跌浪中的反弹。

只要具备长下影线条件，其对未来都有比较大的向下牵引力，只不过在下跌阶段表现得更为激烈突出，上涨阶段则演变成上涨阶段的调整。

如何区别真实的长上影与假的长上影

中信银行走势图中分别在2012年1月5日和3月22日有两根"长上影线"出现。

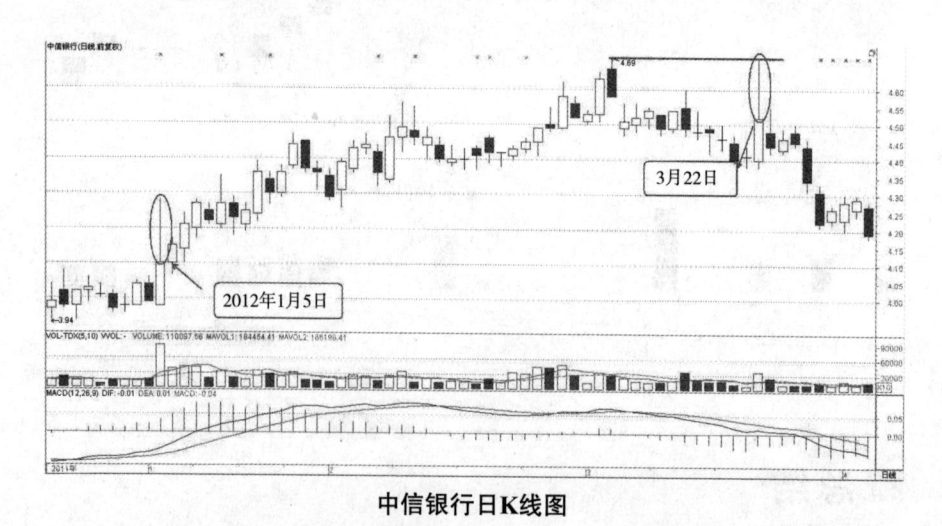

中信银行日K线图

第一个长上影线显然是指对了路——其后股价一路震荡上

行；第二个指路牌却没有达到预期的一个效果，股价反而在随之转为破位下跌。

为什么会出现这种"截然相反"的走势呢？我们还得从盘口上进行分析，因为盘口信息更能直接反映一切真实信息。

现在让我们先看 1 月 5 日的那根长上影线的情况：该根 K 线是一根放量的低开高走的中阳线，其成交额高达 3.6 亿元，是前一天成交额的五倍，而且我们可以观察前期也跌了那么多了，很大程度上说明是增量资金在进场。更重要的是，该 K 线是在 5 日均线上穿 10 日均线之时出现的，同时也穿越了 30 日均线，形成一阳穿三线的结构。

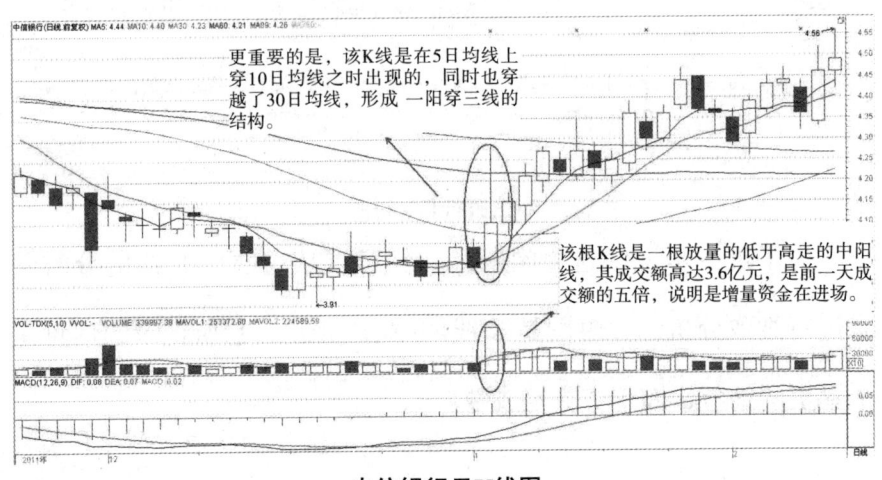

中信银行日K线图

再看 3 月 22 日的那根 K 线，虽然也是一阳穿三线，但 5 日均线、10 日均线和 30 日均线已经形成了空头排列，与前者恰恰相反。量能上看，其成交额只有 1.6 亿元，是 1 月 5 日成交额的 44%。大幅萎缩的成交额说明该阳线不是增量资金所为，而是存量资金的搅动行为。有意思的是，该根上影线最高点恰恰与前一次的高点 4.69 元持平，创新高去解放套牢盘的欲望并不强烈。

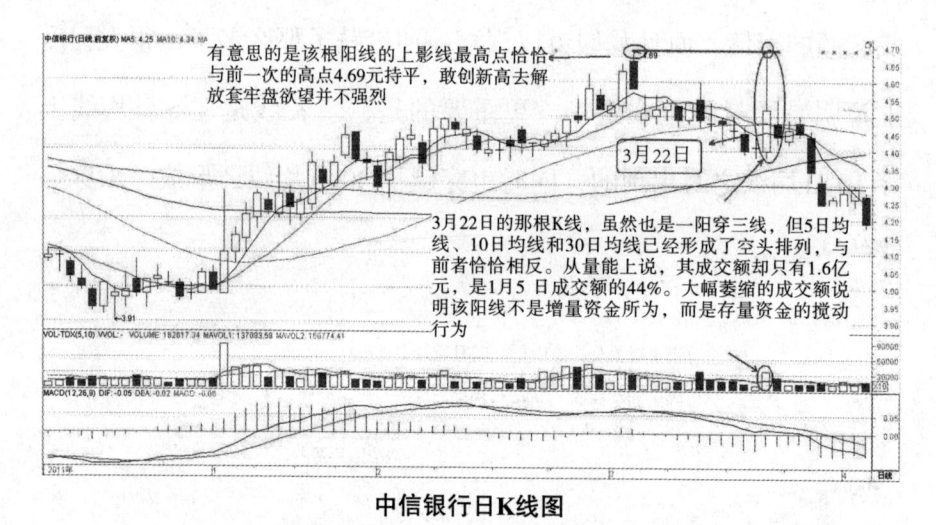

中信银行日K线图

为了进一步说明这个问题，我们可以从这两根 K 线的分时图来进行细致分析，分时图是 K 线的"心电图"，它所记录的信息是最真实的细节，而细节决定成败。

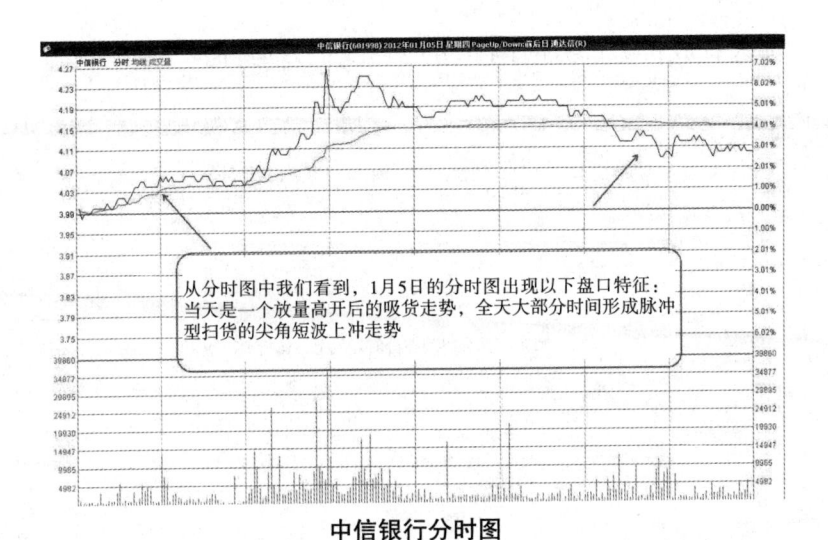

6 长上影线战法

[中信银行分时图]

从分时图中我们看到，1月5日的分时图出现以下盘口特征：当天是一个放量高开后的吸货走势，全天大部分时间形成脉冲型扫货的尖角短波上冲走势

中信银行分时图

在能量结构上形成了一个个脉冲性的巨大分时量柱。同时也有一些圆角短波出现，圆角短波是由小资金密集向上吃掉买单形成的一个逐渐过渡的小型圆角走势，这是跟风盘留下的足迹。

[中信银行分时图]

在能量结构上形成了一个个脉冲性的巨大分时量柱。同时也有一些圆角短波出现，圆角短波是由小资金密集向上吃掉买单形成的一个逐渐过渡的小型圆角走势，这是跟风盘留下的足迹

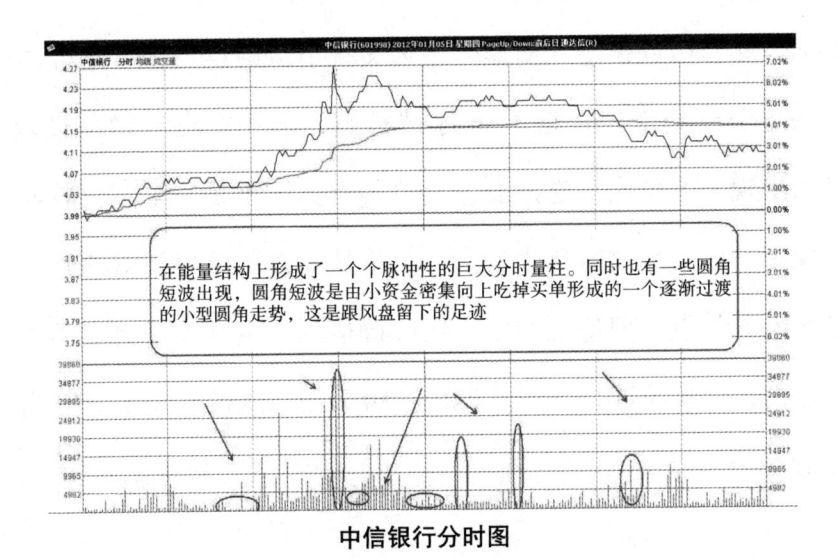

中信银行分时图

那天，股价大部分时间在分时均线上方运行。

股价大部分时间在分时均线上方运行

中信银行分时图

而 3 月 22 日的分时图则大为不同：当天股价低开后在前收盘下方绿盘区域横盘，横盘时多为交投清淡的锯齿波。这种懒洋洋的走势直到下午接近 1:30 才被打破，多头突然开始了进攻：盘中出现了大单连续吃掉上方卖单的行为，于是一个圆角脉冲波出现了，成交量此时急剧放大，股价从绿盘区两口气就冲到了红盘区的 5 个点，但遗憾的是，在股价达到一定高度后就突然出现了回落，之后再冲，再回，形成"剪刀波"式的典型的分时出货波形。

6 长上影线战法

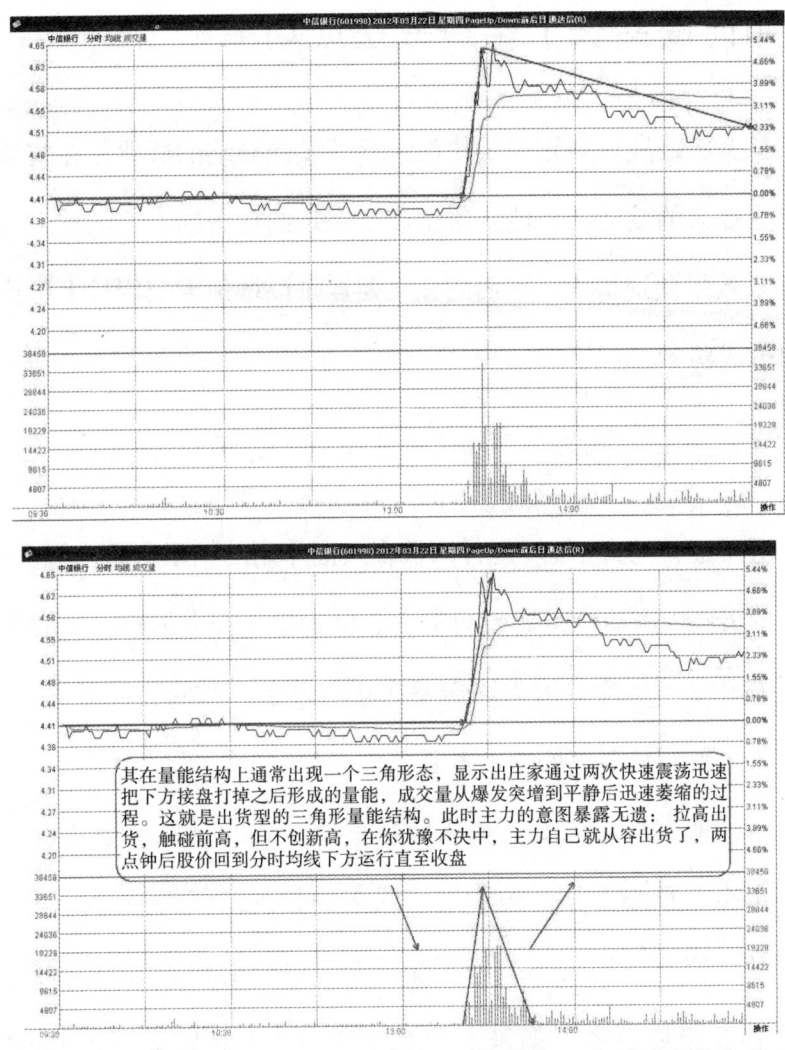

其在量能结构上通常出现一个三角形态，显示出庄家通过两次快速震荡迅速把下方接盘打掉之后形成的量能，成交量从爆发突增到平静后迅速萎缩的过程。这就是出货型的三角形量能结构。此时主力的意图暴露无遗：拉高出货，触碰前高，但不创新高，在你犹豫不决中，主力自己就从容出货了，两点钟后股价回到分时均线下方运行直至收盘

结合上面两张图，两根相同的 K 线形态，却由不同的分时结构构成，形成了真假"长上影线"——这就告诉我们：分析股票走势不能光看 K 线图，更要看盘口，看构成这个 K 线图的分时图，分时图是因，K 线图是果。

如何提高长上影线战法成功率

长上影线战法是短线操作的武器，发现异动的股票，在实战中会产生强大的效力。当然，这是需要一定的功力的，不同功力的人用起来效果差别很大，下面的几个要点可以增加大家用长上影线战法时的成功率。

1. 大形态向好

股价运行的大形态，是各路资金共同作用的结果。主力操盘时，在分时/日线搞动作是比较容易的，但是想要在大形态上随心所欲地折腾几乎不可能，因为这需要大量的资金和时间，明显不划算。因此，大形态具有重要的参考意义。

所谓的大形态向好，是指股价形成经典的见底形态或者上涨中继形态，重心上移，短中期均线多头排列。值得注意的是，股价短期涨幅不能过高。如果短期涨幅过高，哪怕大形态向好，成功率都会明显下降。如果大形态向好，这个时候形成长上影线，真实度更高，短线操作更容易成功。

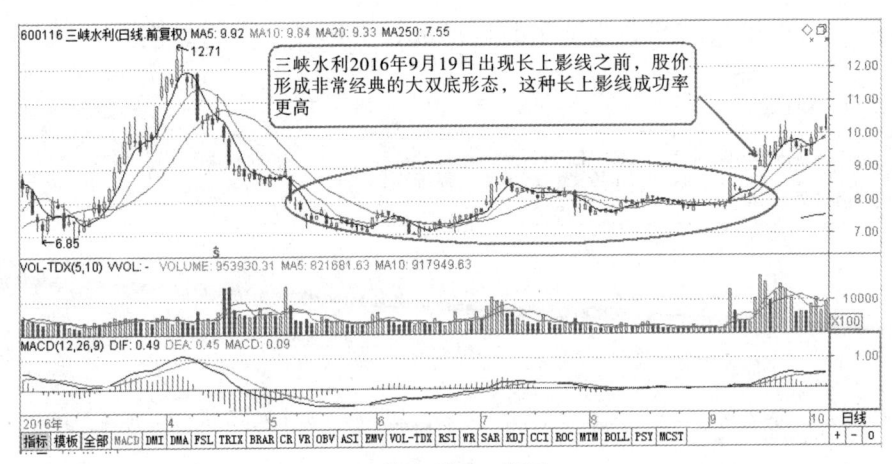

三峡水利2016年9月19日出现长上影线之前，股价形成非常经典的大双底形态，这种长上影线成功率更高

三峡水利日K线图

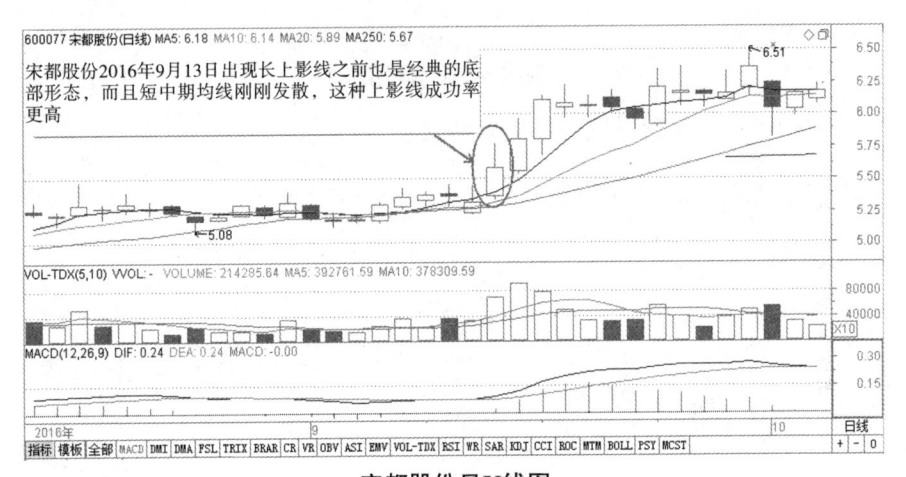

宋都股份2016年9月13日出现长上影线之前也是经典的底部形态，而且短中期均线刚刚发散，这种上影线成功率更高

宋都股份日K线图

2. 题材配合

题材直接决定个股的短线爆发力。如果个股搭上热门的题材，特别是之前没有的题材，而且整个板块集体上攻，说明是集团资金

作战，市场认同度高，这个时候形成长上影线，更为真实。

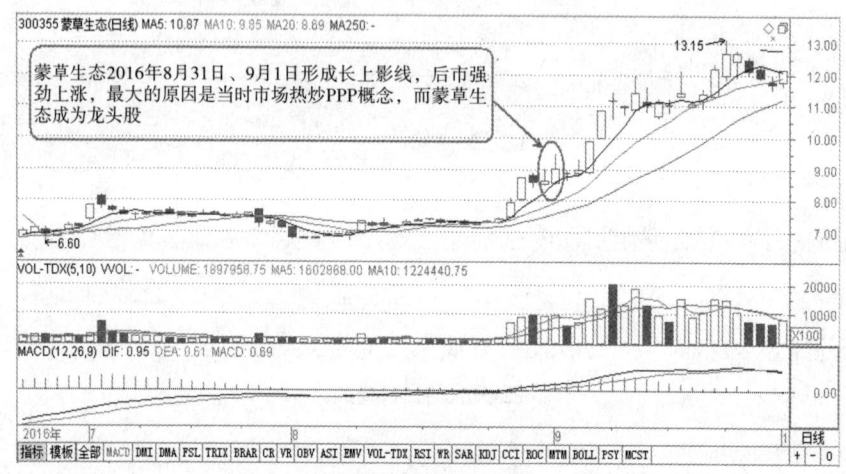

蒙草生态2016年8月31日、9月1日形成长上影线，后市强劲上涨，最大的原因是当时市场热炒PPP概念，而蒙草生态成为龙头股

蒙草生态日K线图

2016年9月21日次新板块异动：

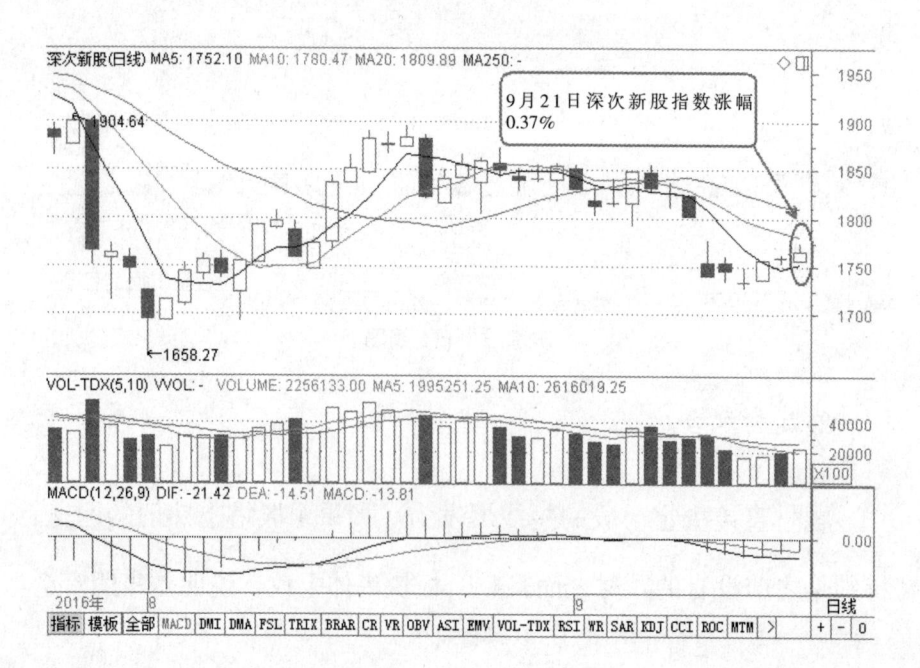

9月21日深次新股指数涨幅0.37%

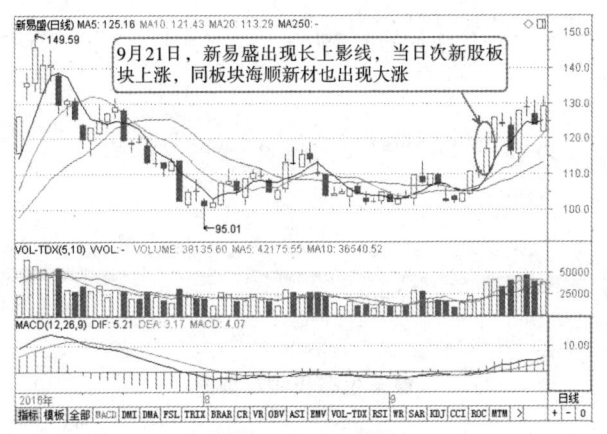

新易盛日线走势图

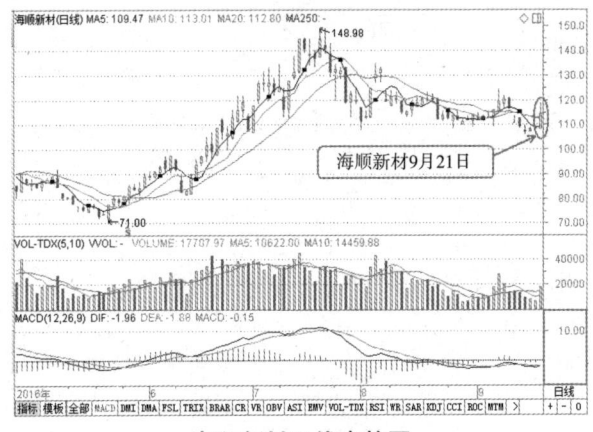

海顺新材日线走势图

3. 分时上涨是否量能充沛

所谓的分时量能是否充沛,主要是指股价拉升时,下方的分时量能是否同步放大。如果同步放大,说明主力是投入真金白银的,是有诚意的,这样的个股后市继续上涨的可能性更高。

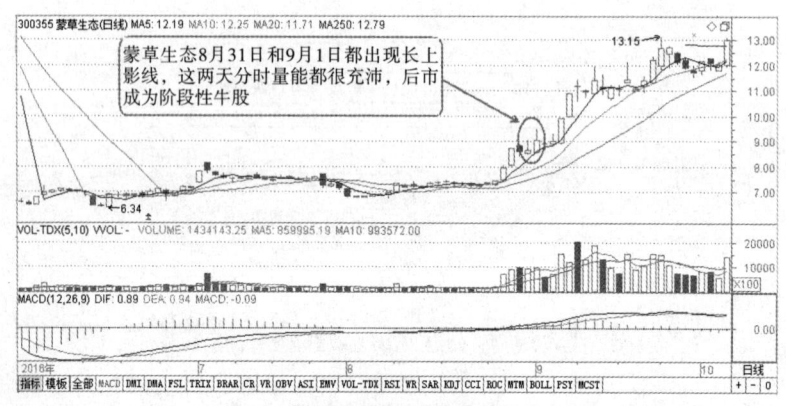

短线金手 ❷
经典形态战法实战剖析

蒙草生态日线走势图

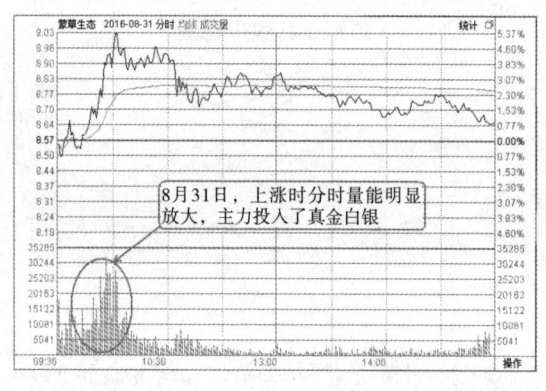

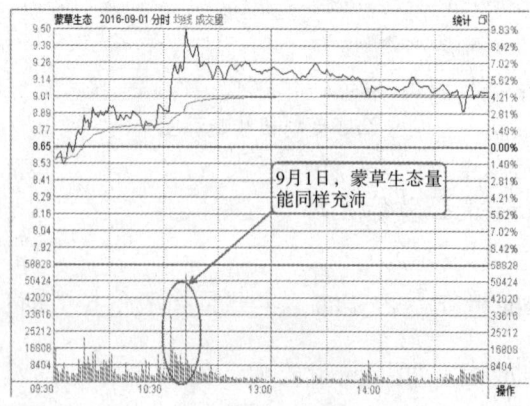

蒙草生态分时图

当然，有些个股分时上涨时量能不放大，后市也能上涨，只不过这种确定性会下降。做股票，还是要做大概率事件。

科融环境就是如此，跟随PPP概念启动，上涨出现长上影线，分时显示上涨量能未放大，后市表现不错，这种股票要考虑所在热点板块上涨的持续性。

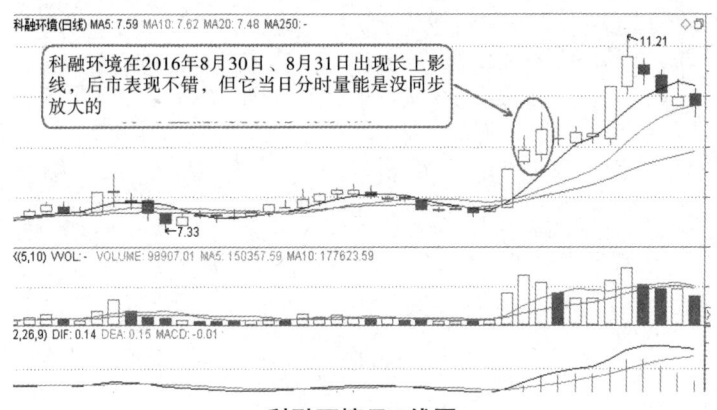

科融环境日K线图

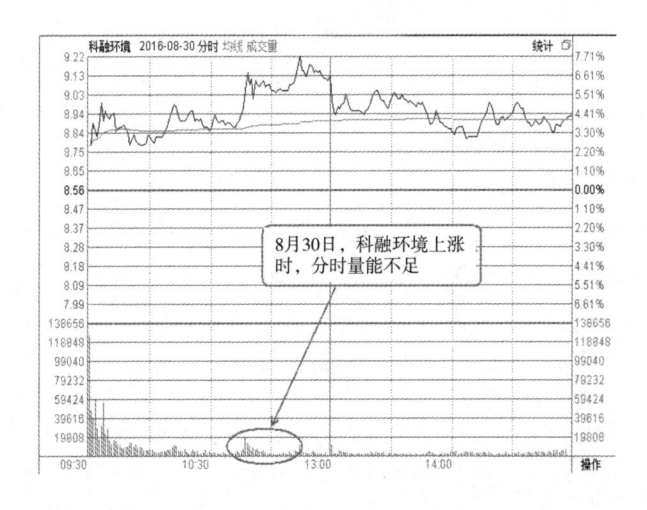

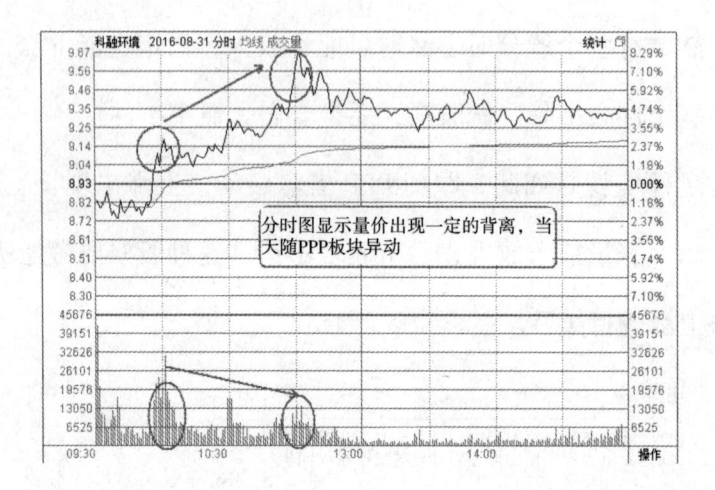

分时图显示量价出现一定的背离，当天随PPP板块异动

7 黄金十字线战法

大家也许听过"早晨之星""旭日东升"之类的形态吧,这些是重要的反转信号。可是"黄金十字线"没听过吧?这是我们研发的超级黑马战法,要是能发现这一形态的个股,那就是骑上超级黑马了。下面就给大家分享我们的超级黑马战法——黄金十字线战法。

战法适用行情:①企稳行情;②超跌反弹行情。

战法适用个股:①超跌反弹个股;②刚启动个股。

形态特征

①前期经过一波上涨,然后横盘、挖坑,启动前形成三颗"十字星",这个坑是黄金坑。三颗"十字星"是"早晨之星"的变形,但威力比早晨之星大得多。

②横盘期间出现大阳线,最好出现过涨停板。

③日线三颗"十字星"量能萎缩、排列整齐,周线不强调成交量整齐。

狙击时点

"黄金十字线"处于个股洗盘末端,一旦跳空高开不回补缺口,同时不破均价线,将是我们的狙击买点。放量拉升确认升势后,回调不破均价线,是我们的加仓点。

实战案例

1. 乐视网

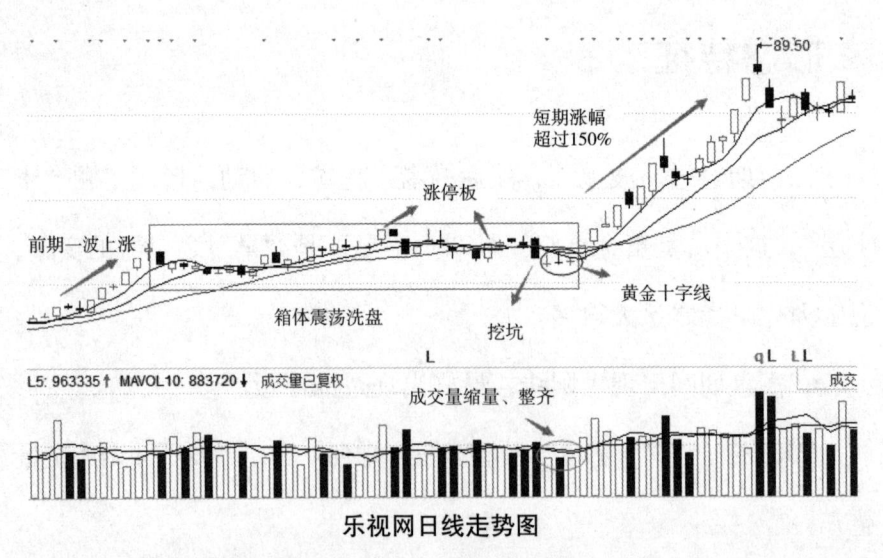

乐视网日线走势图

①乐视网前期有主力介入,推动股价上涨,此动作为主力吸筹。

②吸筹之后横盘震荡洗盘，时间长达两个月，期间偶尔出现涨停板（有涨停板出现很重要，说明股性活跃）。

③启动前挖坑洗盘，凶狠的跌停板洗盘，虽然跌破5、10、20均线，形成破位假象，但我们细看，整体箱体结构并未破位。

④跌停板之后出现三颗缩量十字星，且量能排列整齐，这是非常漂亮的见底信号，黄金坑显现。

⑤放量突破是非常好的买点。

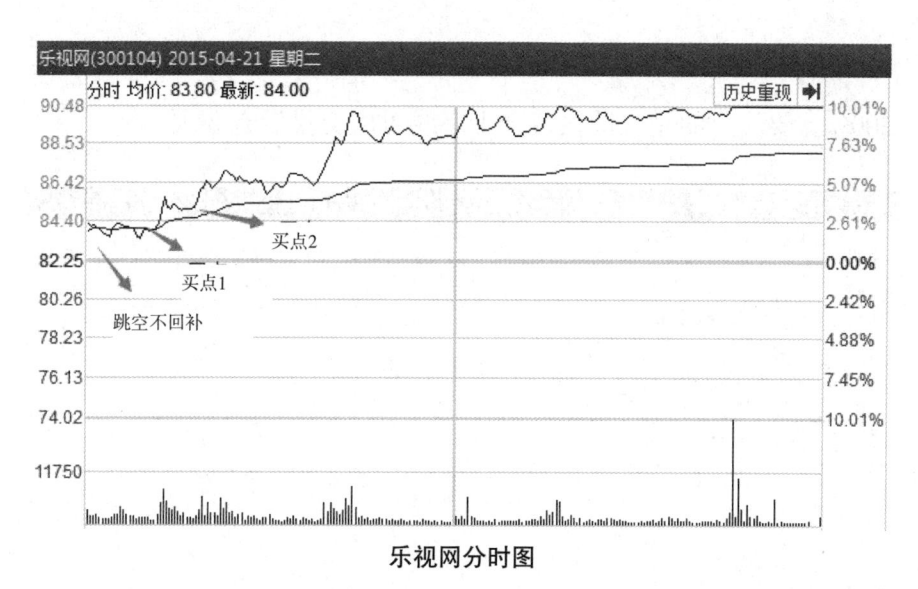

乐视网分时图

分时图看，出现"黄金十字线"后，4月21日乐视网突然跳空高开，高开不回补缺口就是我们的买点，在放量突破均价线后是我们的加仓点。

2. 南极电商（周线）

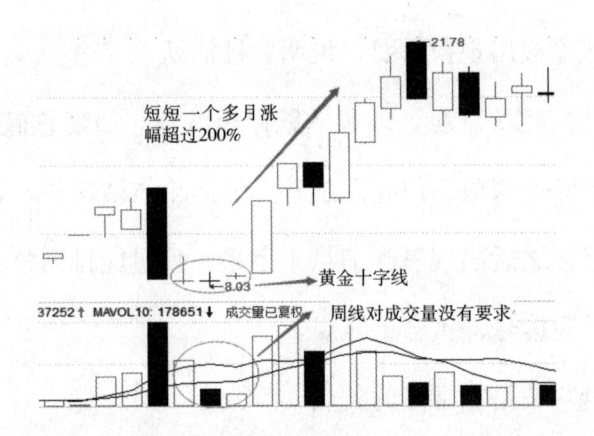

[图：南极电商周线图，标注"短短一个多月涨幅超过200%"、"21.78"、"8.03"、"黄金十字线"、"成交量已复权"、"周线对成交量没有要求"、"37252 MAVOL10: 178651"]

南极电商周线出现黄金十字线后，短短一个多月涨幅超过200%。要注意的是，周线黄金十字线对成交量没有要求。

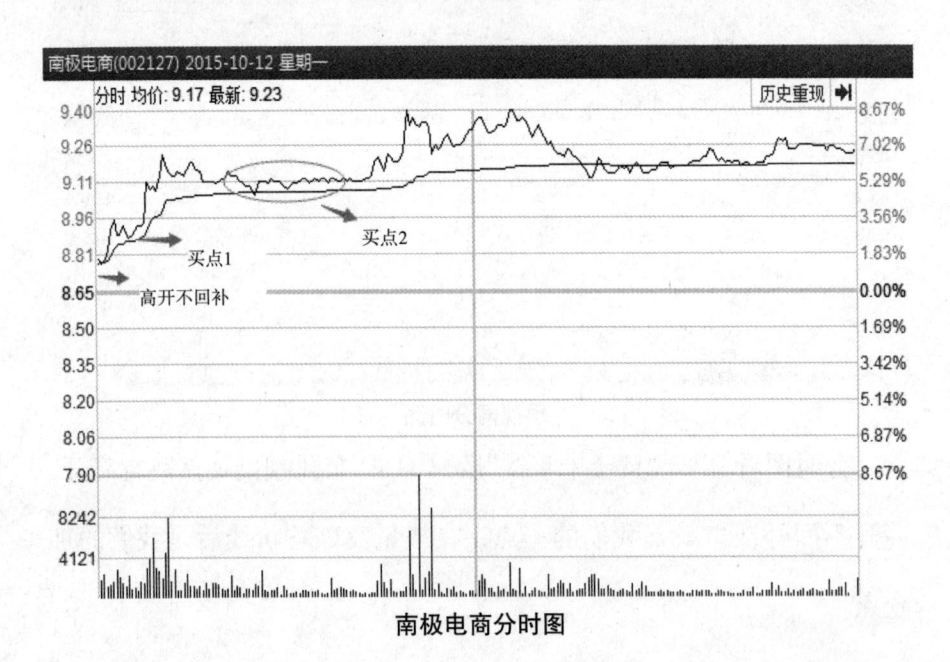

[图：南极电商(002127) 2015-10-12 星期一 分时图，标注"买点1"、"买点2"、"高开不回补"、"分时 均价:9.17 最新:9.23"]

南极电商分时图

日线分时图看，2015年10月12日跳空高开不回补缺口，拉升后不破均价线，意味着行情的启动，出现买点。拉高脱离成本区后，回调不破均价线出现加仓点。

3. 久其软件

久其软件前期有主力介入，推动股价小幅上涨，然后向下挖坑，洗盘，量能萎缩整齐，出现"黄金十字线"。

有人说，连续跌停板，不是破位了吗？我们这里要注意的是，当时大盘出现暴跌，主力也是很无奈被套。这样被大盘带下来，不是给我们更好的捡便宜的机会吗？我们在底部买的价格可是比主力的成本低很多。

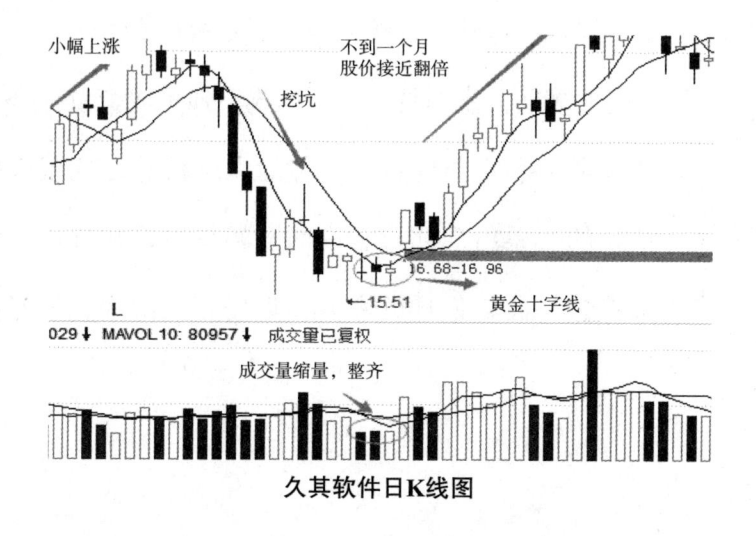

久其软件日K线图

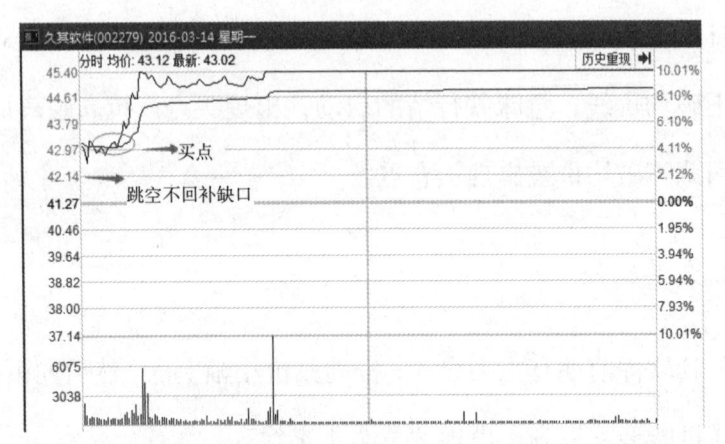

久其软件在出现"黄金十字线"后跳空高开不回补缺口，站稳均价线就是我们的买点，应果断狙击。

注意要点

①十字星不是越多越好，三颗为最佳，威力最大。

②日线成交量缩量，排列整齐，但周线不强调成交量。

③出现"黄金十字线"后不一定都能涨得很好，这跟股票的股性有关，活跃的股票出现此形态后的涨幅往往比较好。所以强调此形态之前有过一波较像样的涨幅，近期有大阳线，最好有涨停板。

8 跟庄战法——活捉老庄股

人活着，精气神很重要。股票也一样，也有精气神，股票的精气神也很重要。"老庄股"因为长期有主力资金在运作，其在股价上的表现必然是有"精气神"。什么是股票的"精气神"？"精气神"好的股票是主力介入程度深的股票，其后期上涨也必然较大。下面来给大家分享我们的跟庄战法——活捉老庄股。

该战法适用个股：①刚启动个股；②震荡攀升个股。

"老庄股"特征

精：量能。一只股票，上涨的动力是成交量，没有成交量的配合上涨是不健康的，走不远。老庄股的成交量配合往往比较好，上涨时温和放量，下跌时缩量，看起来很舒服。

气：人活着要有气，股票要走得远也要有气。5日、10日线是"老庄股"的主力操盘线。在上涨初期，老庄股股价往往沿着5日、10日线缓慢攀升，同时成交量温和放大。5、10日线始终不交叉，这是主力高度控盘的标志。

神：纵观全局，"红多绿少"的股票看起来很舒服。同时，这也是有主力资金介入的股票的特征之一。

买点狙击：回踩 5 日 /10 日线为很好买入点，缩量十字星回踩更佳。

若受大盘或一些利空因素影响，"通气形态"被破坏，买点判断会比较复杂。

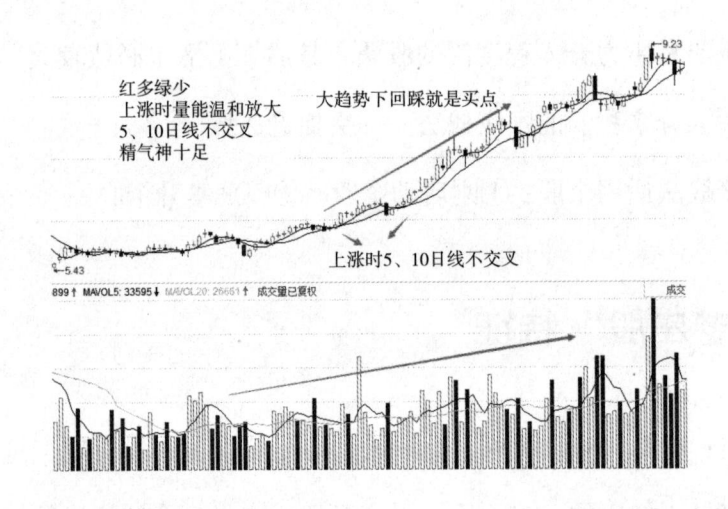

📈 实战案例

1. *海欣股份*

下图，海欣股份小碎步缓慢上涨，成交量温和放大，5 日、10 日线不交叉，老庄股特征显现，大趋势下天天都是买点。后来遇到股灾，虽然被打下来了，但后市我们依然可以继续关注。

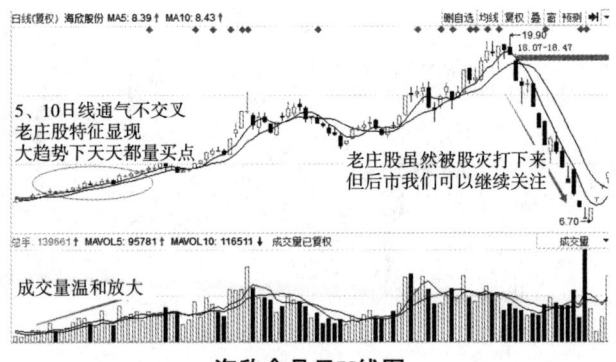

8 跟庄战法——活捉老庄股

海欣食品日K线图

（图中标注：5、10日线通气不交叉 老庄股特征显现 大趋势下天天都量买点；老庄股虽然被股灾打下来 但后市我们可以继续关注；成交量温和放大）

海欣食品日K线图

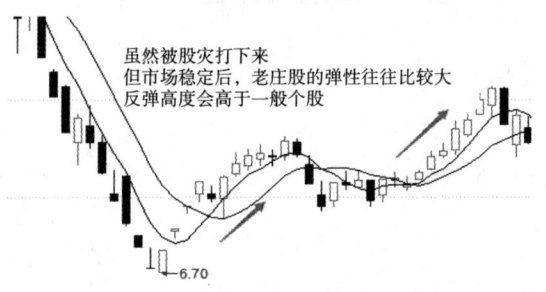

（图中标注：虽然被股灾打下来 但市场稳定后，老庄股的弹性往往比较大 反弹高度会高于一般个股）

我们可以看到上图第一个峰是大盘4200点位置，第二个峰是大盘3900点位置，但海欣股份第二个峰已经超过大盘4200点位置了。所以，老庄股是我们做超跌反弹的优质标的。

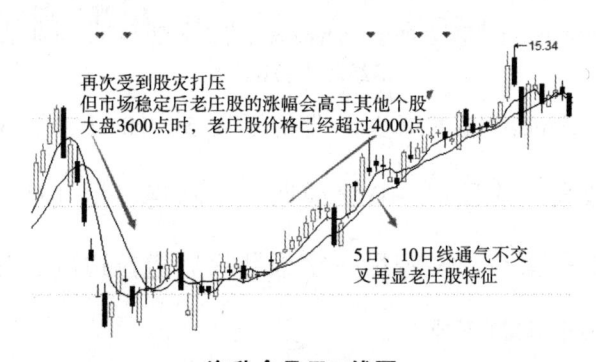

海欣食品日K线图

（图中标注：再次受到股灾打压 但市场稳定后老庄股的涨幅会高于其他个股 大盘3600点时，老庄股价格已经超过4000点；5日、10日线通气不交叉再显老庄股特征）

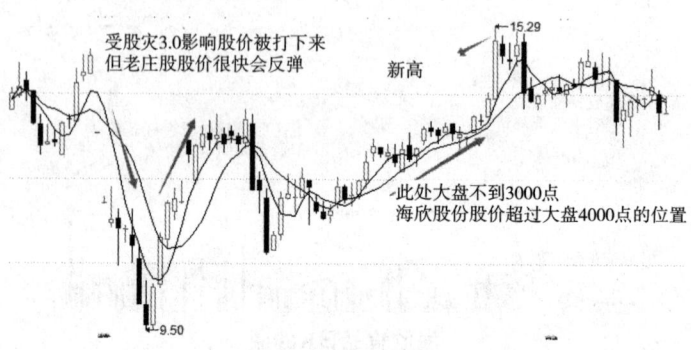

受股灾3.0影响股价被打下来
但老庄股股价很快会反弹

海欣食品日K线图

2. 南纺股份

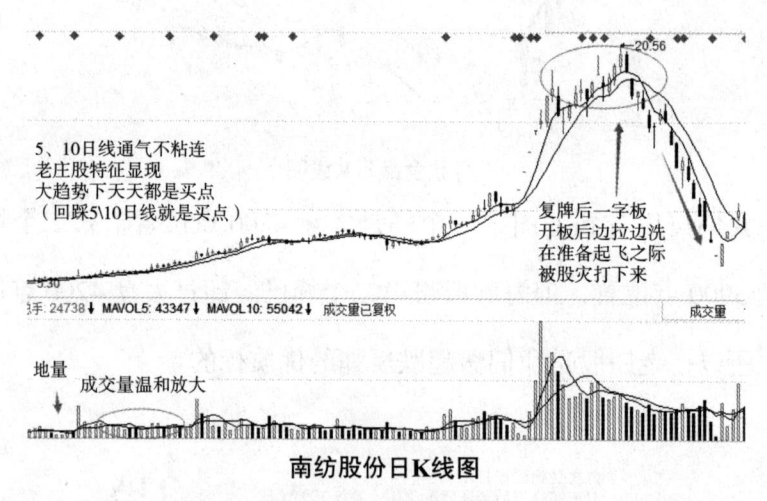

5、10日线通气不粘连
老庄股特征显现
大趋势下天天都是买点
（回踩5\10日线就是买点）

复牌后一字板
开板后边拉边洗
在准备起飞之际
被股灾打下来

地量 成交量温和放大

南纺股份日K线图

南纺股份前期红多绿少，股价沿着5、10日线缓慢上升，成交量温和放大，并且5、10日线通气不粘连，精气神十足。大趋势下回踩就是买点。复牌后一字板开板后边拉边洗，在准备再次起飞之际被股灾打下来。

我们接下来看看它之后的表现。

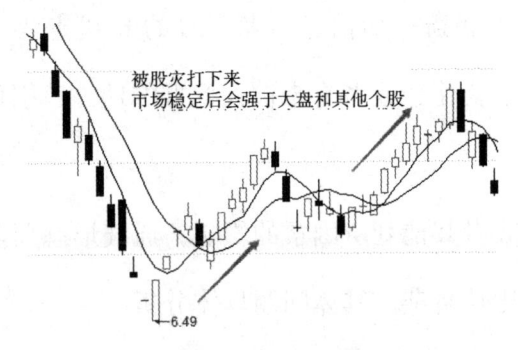

南纺股份日K线图

被股灾打下来稳定后，指数没创新高，但南纺股份的股价创新高。

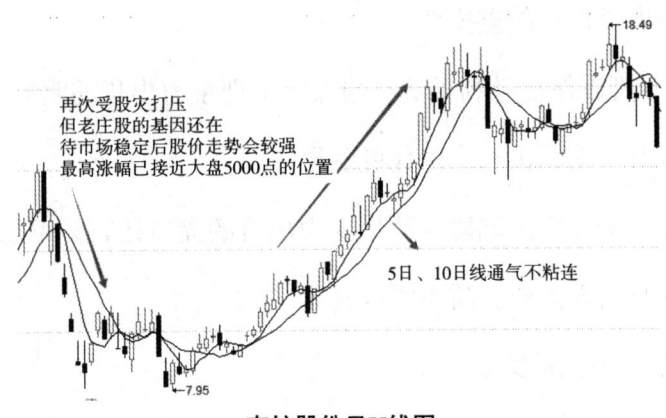

南纺股份日K线图

📈 注意要点

①老庄股的走势往往强于大盘其他个股，是中长线波段的好标

的。一旦发现老庄股，我们需要密切跟踪。

②市场行为涵盖一切信息。老庄股的K线走势，很可能是公司基本面发生了变化，或者有未被人挖掘的地方，引发了大资金去运作的欲望。

③受大盘或者其他利空因素的影响，"通气形态"很可能被破坏，造成买点判断比较复杂，具体问题具体分析。

主力盘面诱多陷阱

读懂出货盘口的重要性：

其一，可以保住胜利果实。当盘口出现主力出货的明显迹象时，就要注意及时获利出局，保住胜利果实。

其二，避开主力陷阱。读懂主力出货的盘口语言，可以避免在主力出货时买入该股，防止深度套牢。

何谓"对敲诱多"？

主力挂出巨量大卖单吸引市场注意，用自己帐户不断往大卖单上对敲买入，造成主力大力吸筹的假象，吸引散户资金进场接货。大卖单对敲完后，经常会顺势拉高，进一步刺激散户。

下面以力帆股份2012年2月24日分时走势为例进行说明：

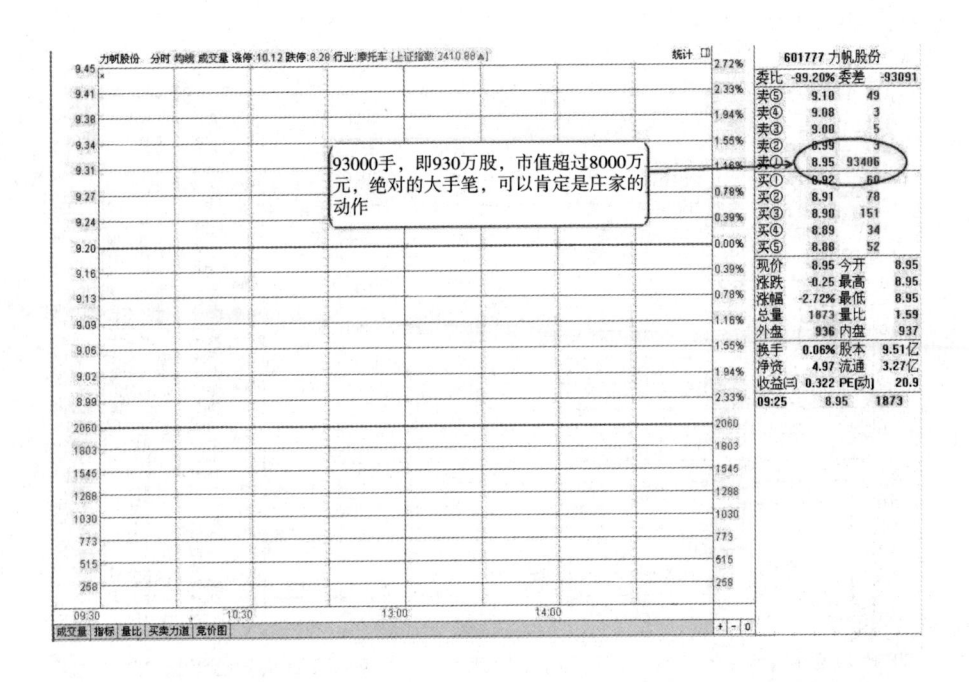

8 跟庄战法——活捉老庄股

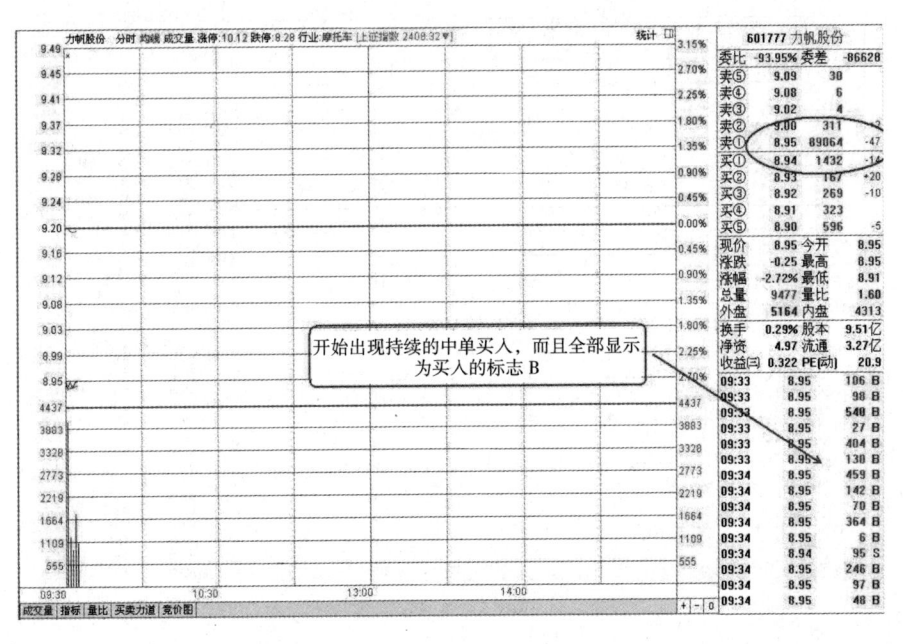

93000手，即930万股，市值超过8000万元，绝对的大手笔，可以肯定是庄家的动作

开始出现持续的中单买入，而且全部显示为买入的标志 B

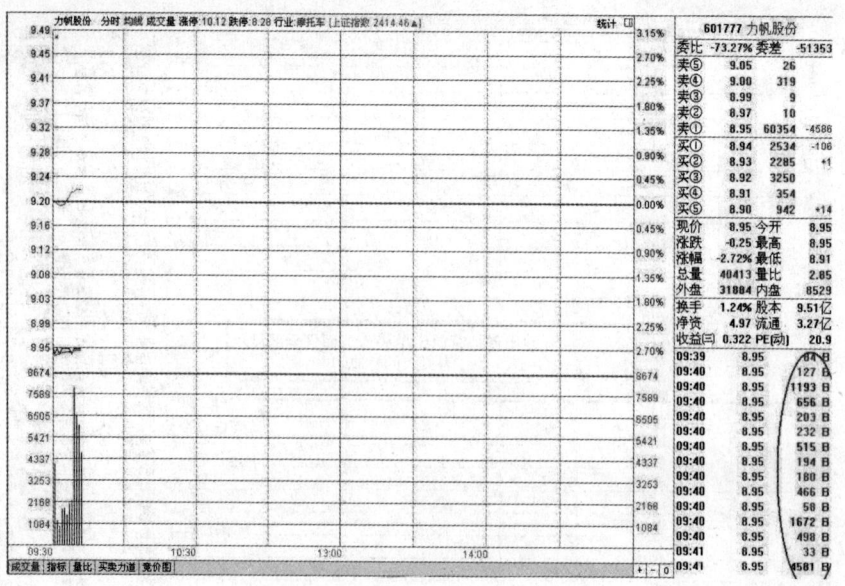

短线金手❷
经典形态战法实战剖析

8 跟庄战法——活捉老庄股

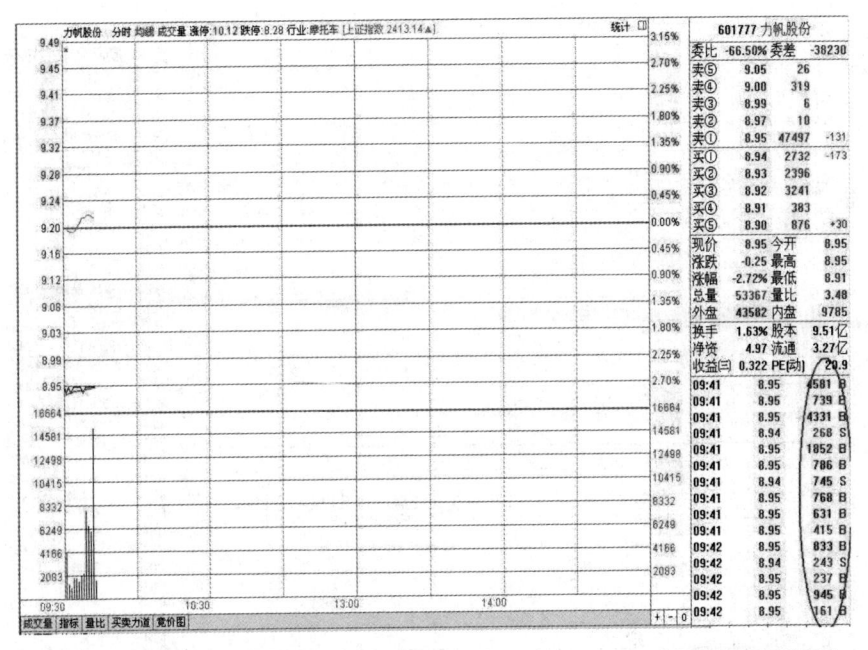

107

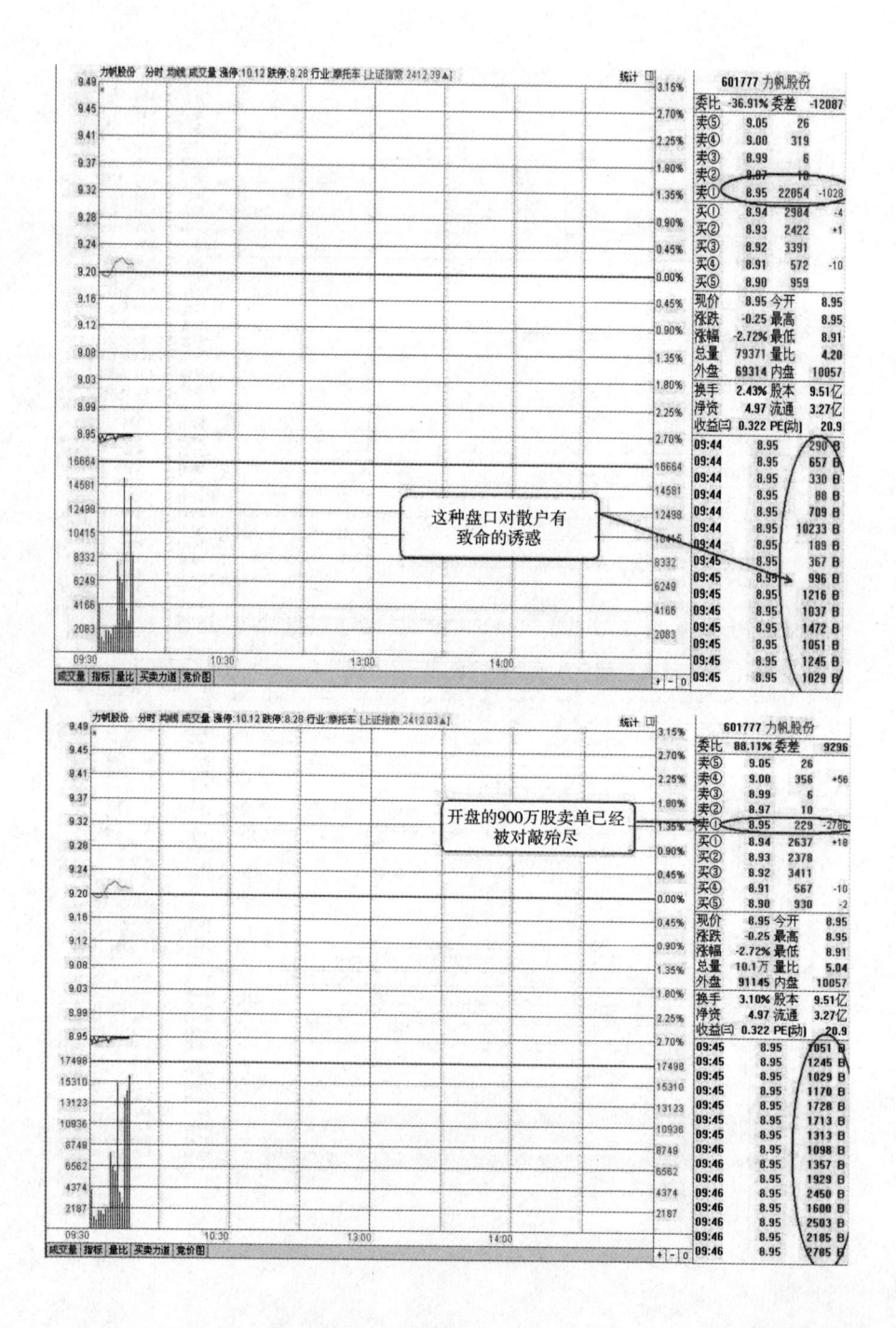

短线金手❷
经典形态战法实战剖析

这种盘口对散户有致命的诱惑

开盘的900万股卖单已经被对敲殆尽

108

8 跟庄战法——活捉老庄股

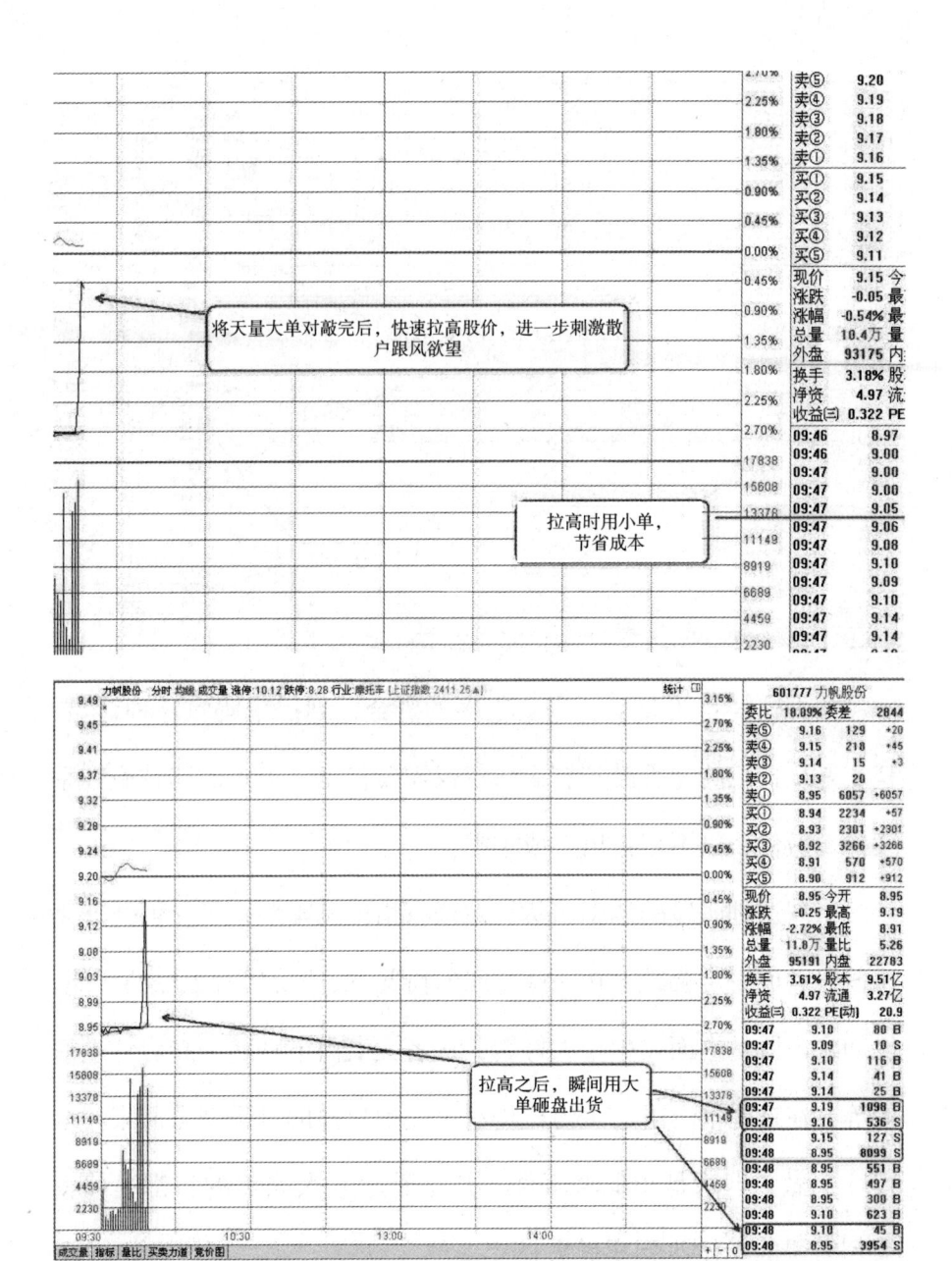

将天量大单对敲完后，快速拉高股价，进一步刺激散户跟风欲望

拉高时用小单，节省成本

拉高之后，瞬间用大单砸盘出货

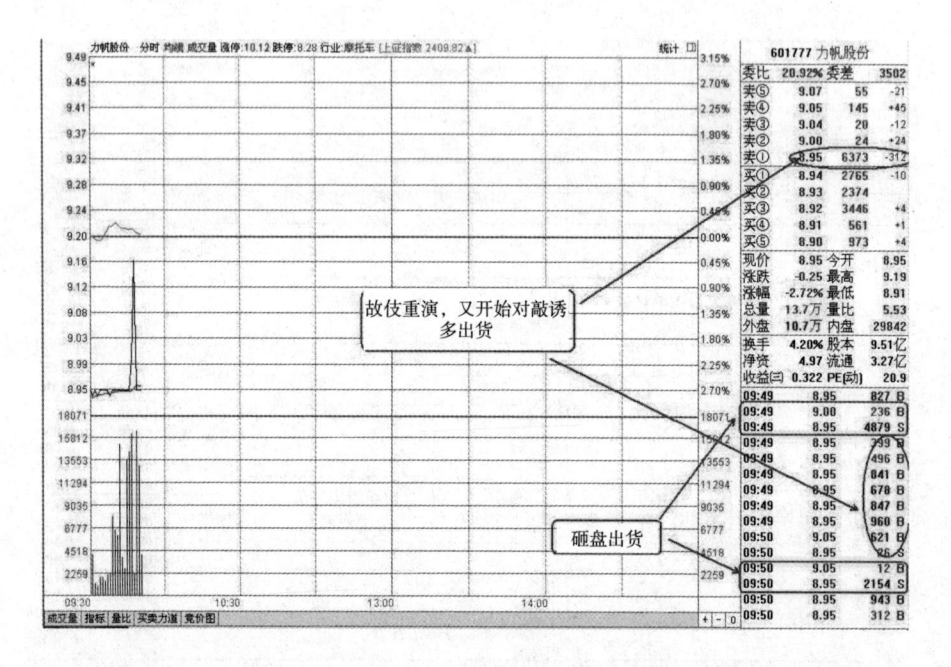

主力这样自买自卖，需要很多的资金，划得来吗？这种对敲，其实是从自己的左手转到右手，仅仅需要付出一点点的印花税和手续费。做什么事不用付出点成本呢？

出现这种明显的诱多出货，波段行情就基本结束了。但并非是说该股后市一定会跌。在一些特殊的情况下，股价仍有上涨的可能。比如，该股基本面发生重大好转，或者大盘由下跌转为趋势性上涨等等，在这些情况下，主力机构有可能把出掉的货重新拿回来，继续往上做。但这是小概率事件。凡是看起来太完美的，都是值得大家警惕的。做股票要做大概率事件。

识别庄家类型

有人觉得很难发现庄家,其实一点都不难,只要你能识别某些特征,就能识别出某种类型的庄家。对于"庄家"一词不做过多解释,这里等同于主力。

单一强庄

单一强庄是指一只股票内只有一个处于支配地位的主力,这种庄实力雄厚,一般是中长线庄,如波导股份(600130):

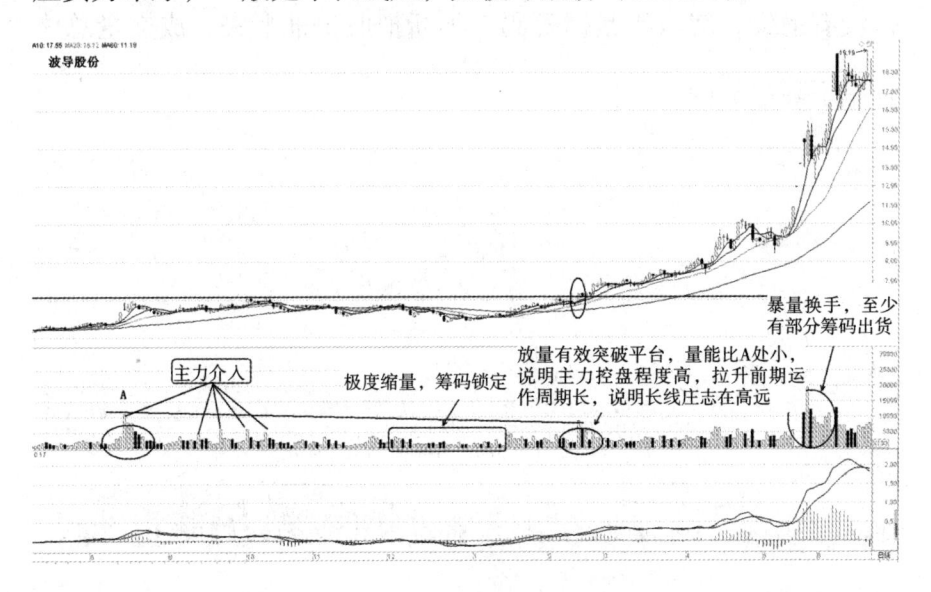

市场就是主力

一般是指市场一致性看好某个行业、题材，从而引起市场各种资金共鸣并形成合力，通过不断换手，成交量不断放大，共同推动股价上涨。一旦成交量缩小，就是退潮之际，这时要撤退。

长线强庄

长线强庄股通常存在某一个逻辑支撑股价长期上涨，只要逻辑没有消失，就敢于紧握筹码，不断把股价推上去，成交量总体是呈下降趋势的。

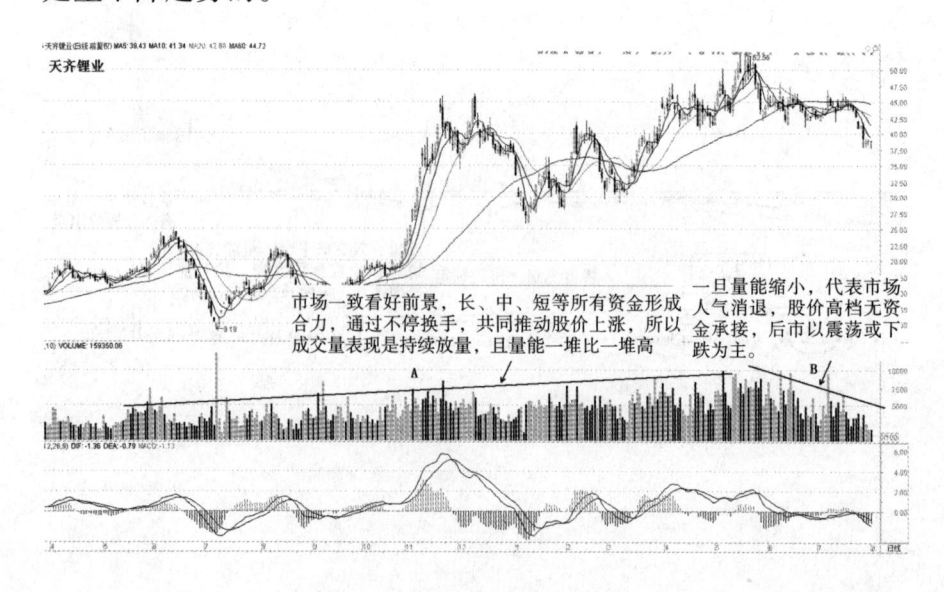

8 跟庄战法——活捉老庄股

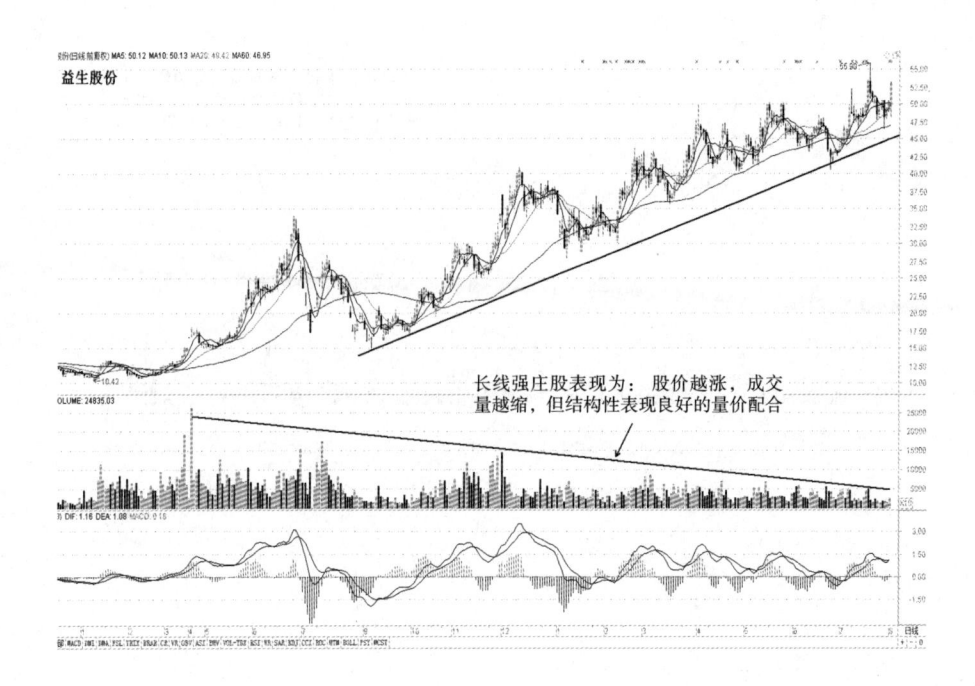

长线强庄股表现为：股价越涨，成交量越缩，但结构性表现良好的量价配合

敌对庄

很多股票存在两个或两个以上具有一定实力的主力资金，而这几个主力资金为敌对势力，这种敌对庄不好发现，但也能从股价、成交量上看出一二。

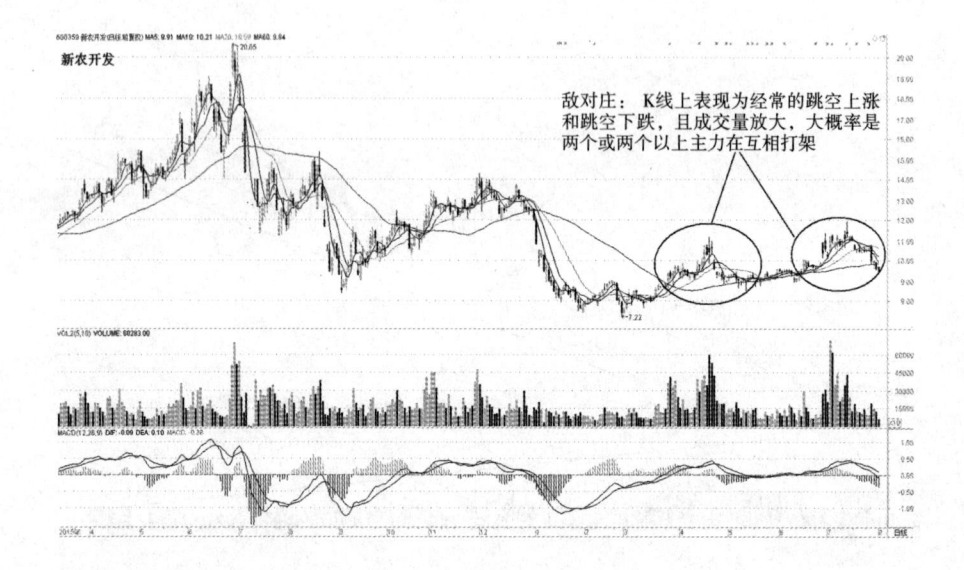

短线金手 ❷
经典形态战法实战剖析

敌对庄：K线上表现为经常的跳空上涨和跳空下跌，且成交量放大，大概率是两个或两个以上主力在互相打架

9 梅开二度——主升浪战法

能买到快速拉升的股票是最好的，怎样的股票会快速拉升呢？主力建仓完毕，进入主升浪的股票无疑是快速拉升的股票。现在给大家分享我们的梅开二度——主升浪战法。

适用行情：①震荡行情；②多头行情。

适用个股：股性较活跃的个股。

"梅开二度"形态要点

①前期股价出现一波上涨，量能呈堆量。

②横盘洗盘，洗盘过程中阳多阴少。

③洗盘后期成交低迷，K线及成交量均呈"芝麻粒"（成交地量，K线形态是小阴小阳或者十字星）。

④地量洗盘结束后放量拉升，进入主升浪。

狙击时点

地量洗盘之时，可以小仓位建底仓。

洗盘至地量后，某天放量上攻，放量突破短期 5 日和 10 日均线，若一举突破 20 天线或者平台整理更佳，果断狙击。

若股价小幅上涨已突破 20 天线，缩量回踩 20 天线，果断买入。

股价小幅上涨，成交量呈堆量后，放量突破压力线，或回踩压力线时买入。

实战案例

1. 皇庭国际

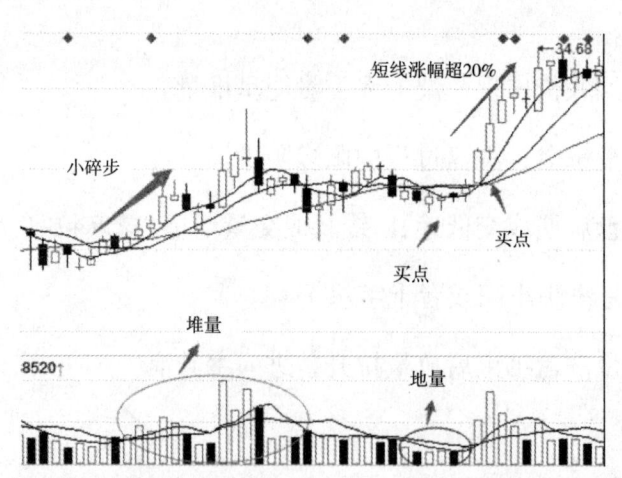

①皇庭国际前期小碎步慢慢上扬，量能呈堆量，这是主力进驻的标志。

②小幅拉升后横盘震荡洗盘，横盘洗盘之时阳多阴少。

③K线呈小阴小阳或者十字星，并且成交量连续地量之时是建仓点。

④放量突破5、10、20日线是我们的加仓点。

买入之后短线涨幅超过20%。我们来看看当天突破的分时图：

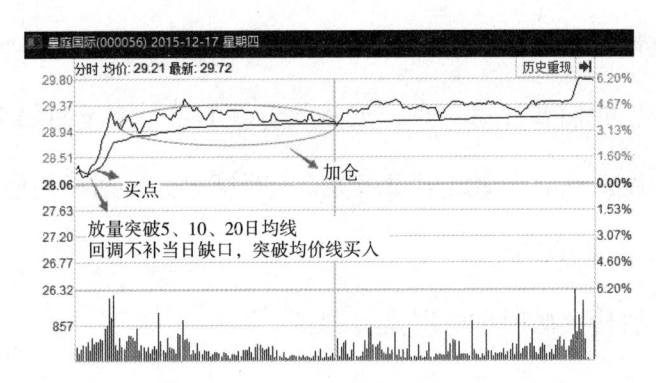

突破当日，皇庭国际跳空高开不回补缺口，此为强势状态，放量突破均价线时为买点。当股价拉升后，回调不破均价线为加仓点。

2. 浪莎股份

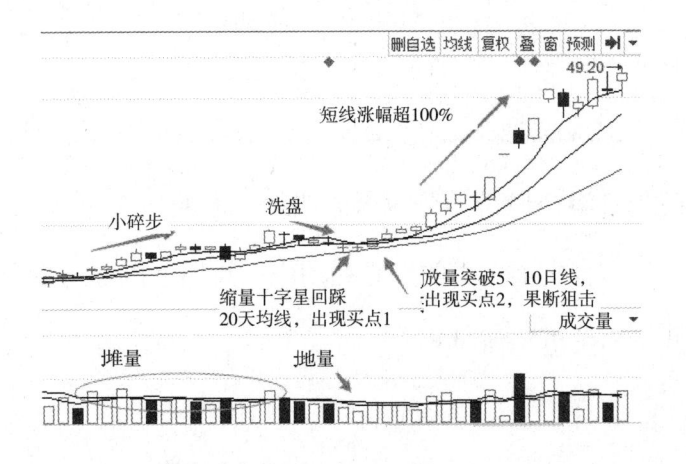

①浪莎股份前期小碎步慢慢上扬，量能温和放大，呈堆量，主力建仓的标志。

②然后横盘震荡洗盘，成交量洗至地量，当缩量回踩20天线时为建仓点。

③放量突破5、10、20日线后是加仓点，迎接主升浪。

④这里我们要注意一点，浪莎股份双十字星缩量回踩20天线，成交量极度低迷，积聚的能量极大，一旦突破，后期涨幅将比较大，短期涨幅超过100%。

浪莎股份突破时的分时走势图：

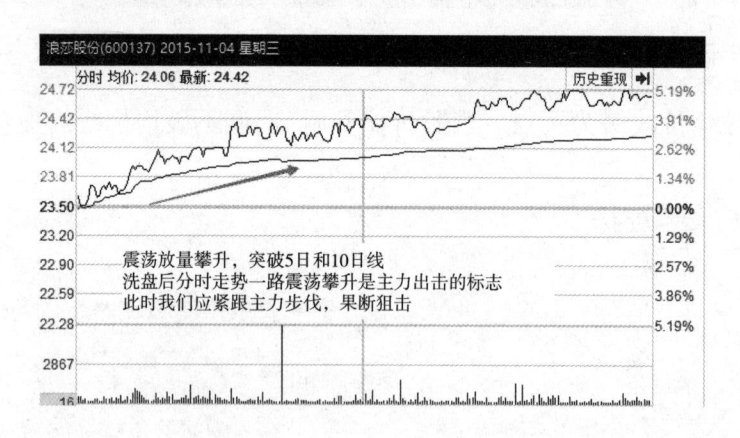

突破当日浪莎股份的分时形态叫做"潜龙出海"，此为主力出击的标志，结合之前主力的一系列动作，我们可以知道主升浪就要来了，此时不买更待何时？

3. 万安科技

①万安科技前期小碎步缓慢上扬，量能呈堆量，量价配合健康。

②小幅上涨之后平台整理(洗盘)，我们可以看到这一过程是"阳多阴少"，这是非常重要的标志。

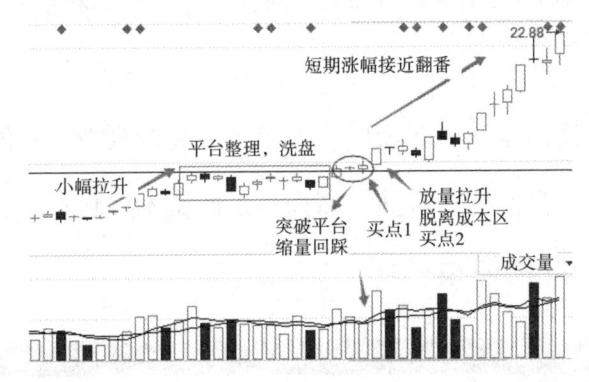

③放量突破前期平台箱顶后缩量回踩，此时出现买点。

④缩量回踩之后，早盘跳空放量拉升，回调不破均价线，此为加仓点。买定离手，坐等主升浪。不到一个月股价接近翻番。

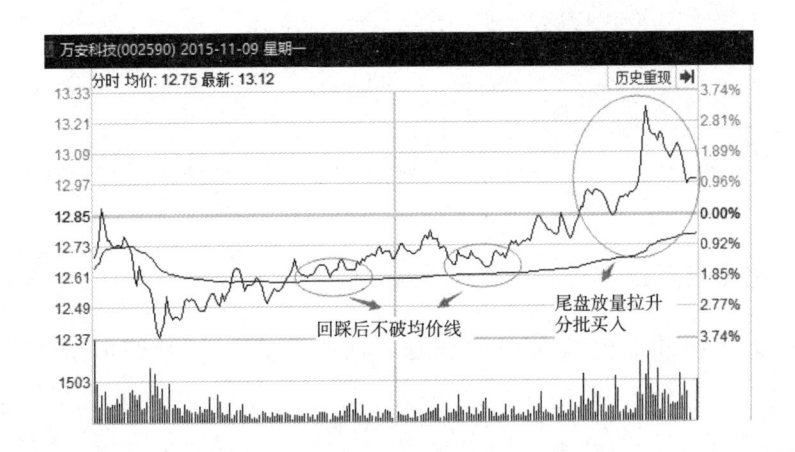

我们可以看到，万安科技在拉升前的早盘还不忘记先洗盘，恐怕很多人在这时被震出去了，倒在黎明前。其实这里可以是回踩，我们看到早盘下杀并没有击破前期平台箱顶。同时，在突破均价线之后，股价一直站稳其上，尾盘还出现放量拉升。结合近期走势，今天的走势其实已经暴露了主力的阴谋——回踩完毕，准备拉升。

万安科技在昨日回踩之后，今天直接高开高走，让昨天下车的人后悔不已。我们可以看到，高开高走回调不破均价线，这次是来真的，即将开启主升浪。

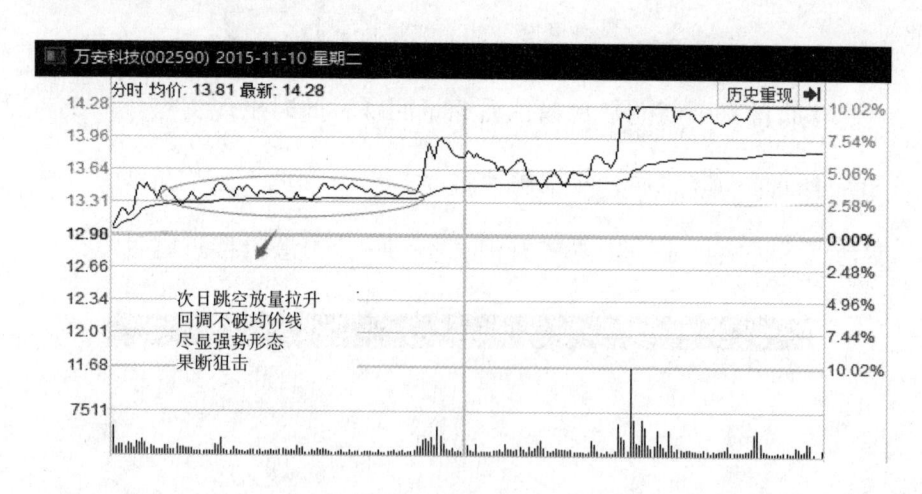

注意要点：

① "梅开二度"是主力建仓、洗盘、再次拉升的形态。此形

态出现后个股上涨的概率极高，但涨幅强度不一，跟主力介入程度深浅和股性有关，主力前期介入程度深、股性活跃的个股涨幅会比较大。

②在多头行情中，这种战法的成功率会大大提高，市场资金也容易合力推动股价的持续拉升。

⑩ "生命线" 20天线战法

20天均线是股票在市场上最近20天的平均收盘价格，反映了这支股票20天的平均成本，同时也是大盘及个股的生命线，其运用在实战中极其重要。注意，只有股价站稳了20天线，大资金才会敢于积极做多。

适用行情：①反弹行情；②突破行情；③弱势回调行情。

适用个股：①反弹个股；②突破个股；③见顶回调个股。

① 20天线拥有强大的压力和支撑作用，个股或大盘如果长时间处于20天线之下，第一次触碰20天线时往往会被回挡，所以第一次靠近20天线时往往是我们高抛的好机会。

下图为大盘股灾2.0时期及之后的走势：

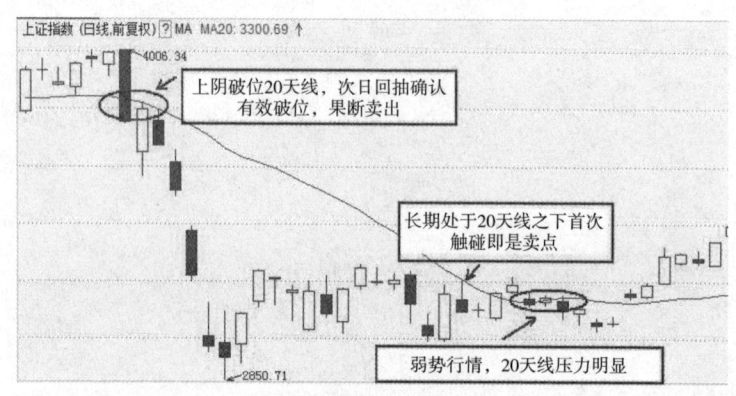

上证指数日K线图

10 "生命线" 20 天线战法

大盘在 2015 年 8 月 18 日长阴击破 20 天均线后，次日反抽 20 日均线确认有效击破，随后开启新一轮下跌。

跌破 20 天线后，20 天线就变成了强压力线。当指数长期处于 20 日线之下，第一次触碰往往是很好的卖点。

其后几天 20 天均线依然继续压制着大盘，直到国庆后由于外围大涨，大盘突破 20 天均线后才开始一轮较大级别的反弹。

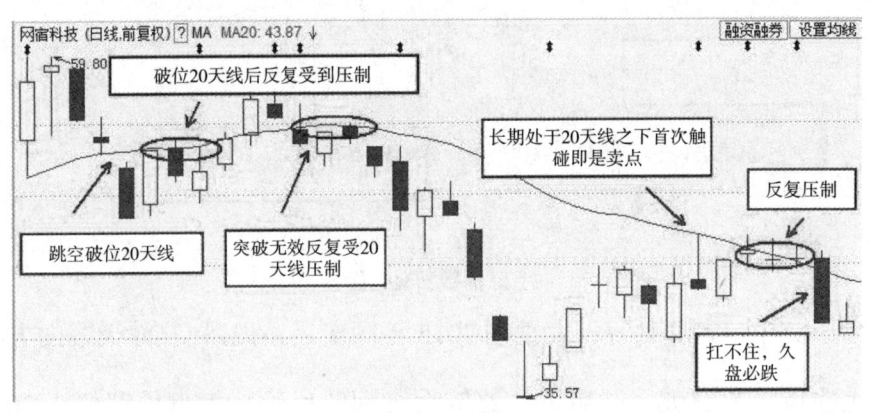

网宿科技日K线图

网宿科技在跳空击破 20 天线后，回抽 20 天线时一直被 20 天线压制，虽然有一天站上了 20 天线，但随后即跌破，此为无效突破，站稳 3 天才算有效突破。突破无效重回 20 天线之下，股价有继续上攻的欲望，但始终无法突破，一而再再而三无法突破，最终股价选择向下。

② 向上突破 20 天线并有效站稳后（3 天为有效站稳），我们可

以坚定看好，因为突破 20 天线后大资金才敢进场做多，且有效突破 20 天线后，20 天线将形成强支撑。

下图为 2015 年股灾 2.0 之后大盘的反弹：

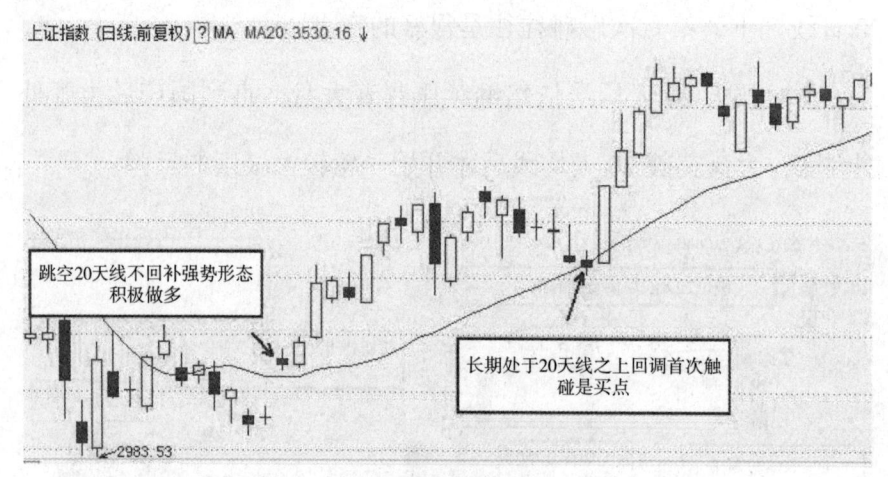

上证指数日K线图

受外围大涨刺激，大盘在 2015 年国庆后，以跳空 20 天线的方式选择向上突破，开启了一波较大级别的反弹。大盘长期位于 20 天线之上，回调首次触碰 20 天线会有很强的支撑，首次回踩即是很好的买点。

网宿科技以涨停板的方式突破 20 天线，非常强势，实战中我们应该知道这个信号，积极跟上主力的步伐，然后我们可以看到，网宿科技开启了一波中期上涨行情。

10 "生命线"20天线战法

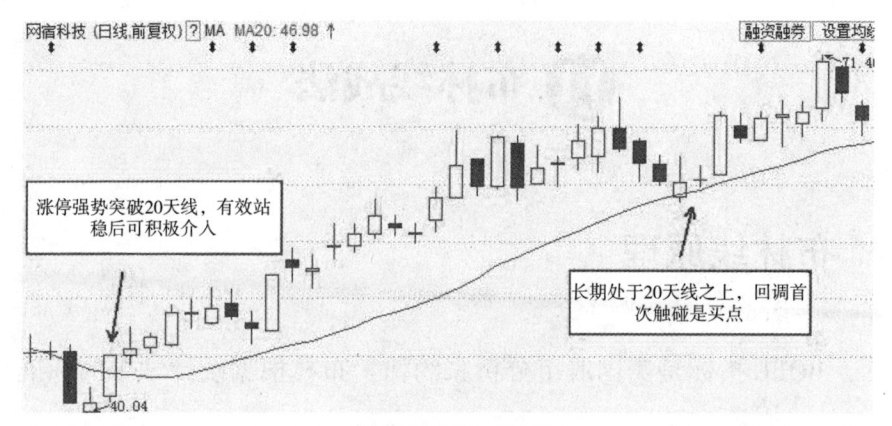

网宿科技日K线图

涨停强势突破20天线，有效站稳后可积极介入

长期处于20天线之上，回调首次触碰是买点

首次回踩生命线，即是买点。很多不懂20天线应用的人，估计会在这里盲目割肉。

实战总结：

放量突破20天线，有效站稳（站稳3天），若直接跳空20天线不回补且此时仓位较轻，尾盘可轻仓介入，后市择机加仓；缩量回踩20天线可介入或可加仓。

放量跌破20天线马上卖出。若量能不大，只是盘中跌破，收盘拉回可继续持股；长期处于20天线下方，反弹第一次触碰20天线往往会回档，短线卖出；20天线处回档卖出后，待放量突破后再介入。

11 布林线战法

布林线原理

　　BOLL 指标是美国股市分析家约翰·布林根据统计学中的标准差原理设计出来的一种非常简单实用的技术分析指标。一般而言，股价的运动总是围绕某一价值中枢（如均线、成本线等）在一定的范围内变动。布林线由三条轨道线组成，其中上下两条线分别可以看成是价格的压力线和支撑线，在两条线之间是一条价格平均线，一般情况价格线在由上下轨道组成的带状区间游走，而且随价格的变化而自动调整轨道的位置。当波带变窄时，激烈的价格波动有可能随即产生；若高低点穿越带边线时，立刻又回到波带内，则会有回档产生。

布林线分析要领

　　①运用布林线应该综合其他技术指标共同分析。
　　②当布林通道由宽变窄时，说明股价逐渐向中间值回归，股市趋于盘整区间，应该以观望为主。

③当布林通道由窄变宽时，说明股价波动增大，交易活跃。如果股价向上逼近或穿越布林线，表明超买力量增强，股价短期可能会下跌；反之，如果股价向下逼近或穿过布林线，表明超卖力量增强，股价短期可能会反弹。

④当K线主体在布林通道中沿上限线运行时，表明涨幅会持续，可适当守仓。当K线主体在布林通道中沿下限线运行时，表明跌幅会持续，应及时平仓。布林线是专业投资者和一些老股民经常使用的技术指标之一。布林线的宽度可以随着股价的变化而自动调整位置。由于这种变异性使布林线具备灵活和顺应趋势的特征，它既具备有通道的性质，又克服了通道宽度不能变化的弱点。

布林线指标的实战意义

BOLL指标的实战技巧主要集中在股价K线（或美国线）与BOLL指标的上、中、下轨之间的关系及布林线的开口和收口的状况等方面。

1. BOLL指标中的上、中、下轨线的意义

①BOLL指标中的上、中、下轨线所形成的股价信道的移动范

围是不确定的，信道的上下限随着股价的上下波动而变化。在正常情况下，股价应始终处于股价信道内运行。如果股价脱离股价信道运行，则意味着行情处于极端的状态下。

②在 BOLL 指标中，股价信道的上下轨是显示股价安全运行的最高价位和最低价位。上轨线、中轨线和下轨线都可以对股价的运行起到支撑作用，而上轨线和中轨线有时则会对股价的运行起到压力作用。

③一般而言，当股价在布林线的中轨线上方运行时，表明股价处于强势趋势；当股价在布林线的中轨线下方运行时，表明股价处于弱势趋势。

2. 布林线收口的意义

①股价经过数波下跌后，随后常会转为较长时间的窄幅整理，这时我们发现布林线的上限和下限空间极小，愈来愈窄，愈来愈靠近。盘中显示股价的最高价和最低价差价极小，短线没有获利空间，经常是连手续费都挣不出来，盘中交易不活跃，成交量稀少，投资者要密切注意此种收口情况。因为一轮大行情可能正在酝酿途中，一旦成交量增大，股价上升，布林线开口扩大，上升行情宣告开始。

②如布林线在高位开口极度缩小，一旦股价向下破位，布林线开口放大，一轮跌势将不可避免。

3. 布林线开口的意义

①当股价由低位向高位经过数浪上升后，布林线最上压力线和最下支撑线开口达到极大程度，当开口不能继续放大转为收缩时，此时是卖出信号，通常股价紧跟着是一轮大幅下跌或调整行情。

②当股价经过数浪大幅下跌，布林线上限和下限的开口不能继续放大，布林线上限压力线提前由上向下缩口，等到布林线下限支撑线随后由下向上缩口时，一轮跌势将告结束。

BOLL 形态篇

布林线指标选股主要是观察布林线指标开口的大小，对那些开口逐渐变小的股票应多加留意。因为布林线指标开口逐渐变小代表股价的涨跌幅度逐渐变小，多空双方力量趋于一致，股价将会选择方向突破，而且开口越小，股价突破的力度就越大。

我们将布林线开口和收口的形态称为"喇叭口"形态。"喇叭口"分为开口型喇叭口、收口型喇叭口和紧口型喇叭口等三种类型。开口型喇叭口形态常出现在股票短期内暴涨行情的初期，收口型喇叭口形态常出现在股票暴跌行情的初期，紧口型喇叭口形态则常出现在股价大幅下跌的末期。

1. 开口型喇叭口

当股价经过长时间的底部整理后，布林线的上轨线和下轨线逐渐收缩，上下轨线之间的距离越来越小，随着成交量的逐渐放大，股价突然出现向上急速飙升的行情，此时布林线上轨线也同时急速向上扬升，而下轨线却加速向下运动，这样布林线上下轨之间的形状就形成了一个类似于大喇叭的特殊形态，我们把布林线的这种喇叭口称为开口型喇叭口。

下面是开口型喇叭口案例：

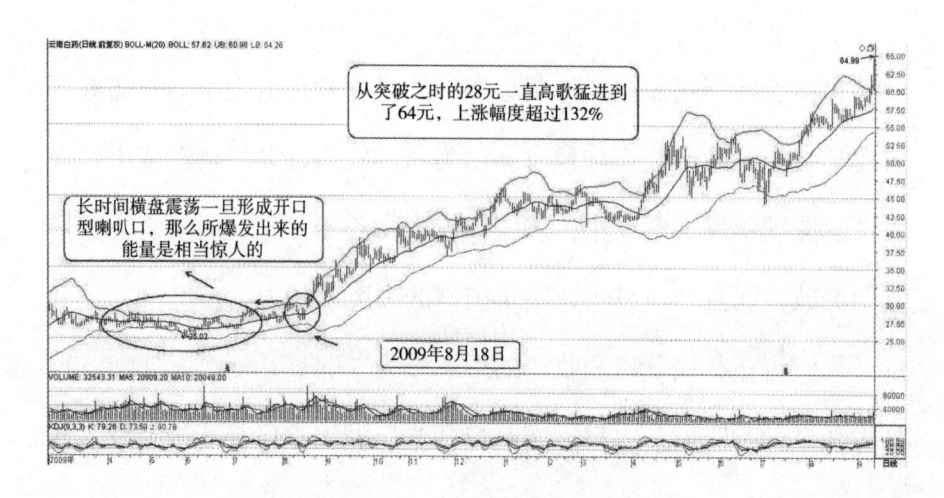

11 布林线战法

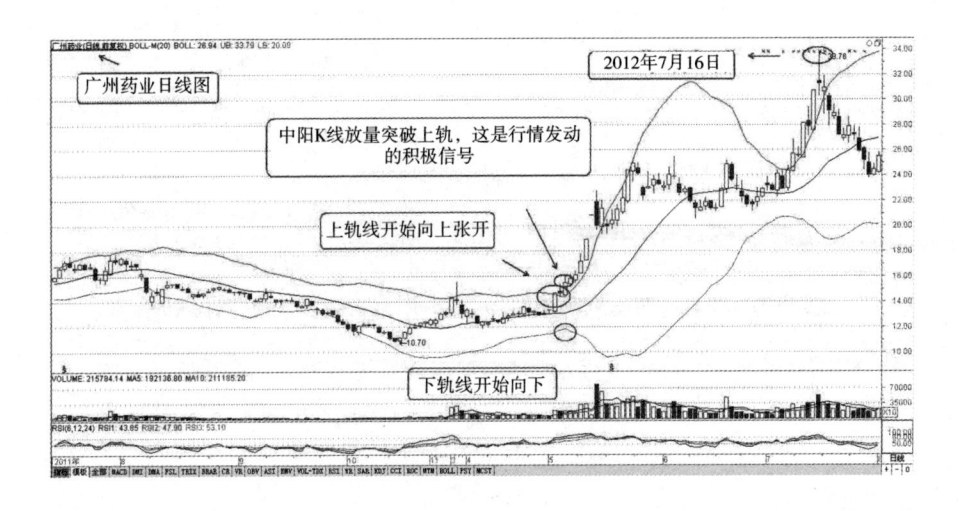

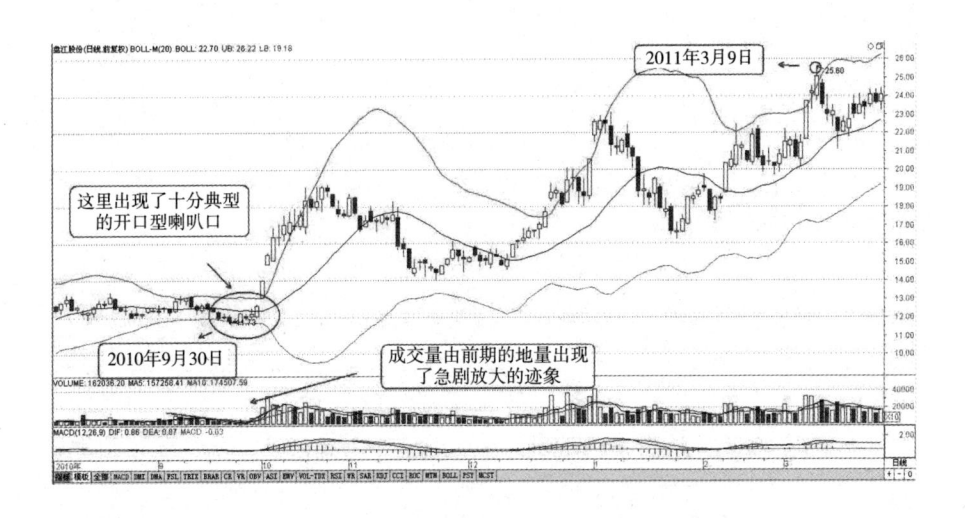

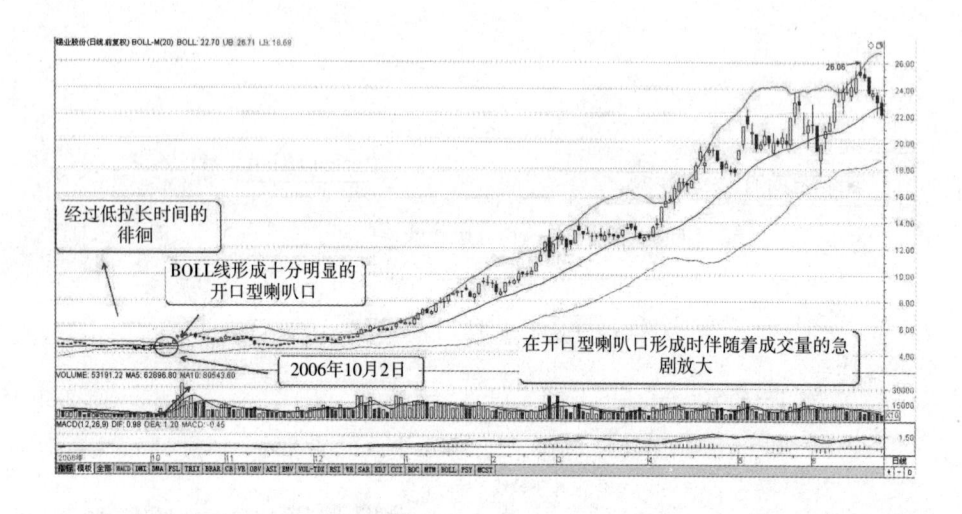

短线金手❷
经典形态战法实战剖析

- 经过低拉长时间的徘徊
- BOLL线形成十分明显的开口型喇叭口
- 2006年10月2日
- 在开口型喇叭口形成时伴随着成交量的急剧放大

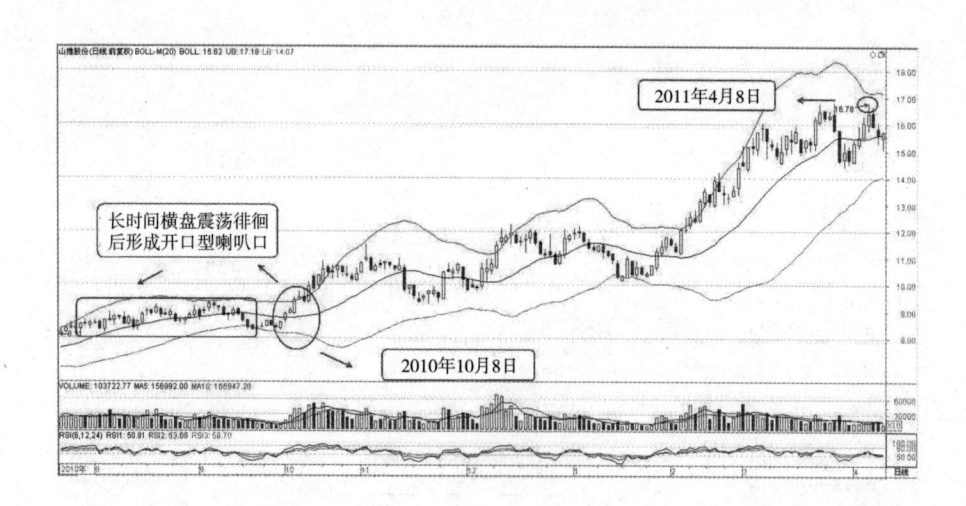

- 长时间横盘震荡徘徊后形成开口型喇叭口
- 2011年4月8日
- 2010年10月8日

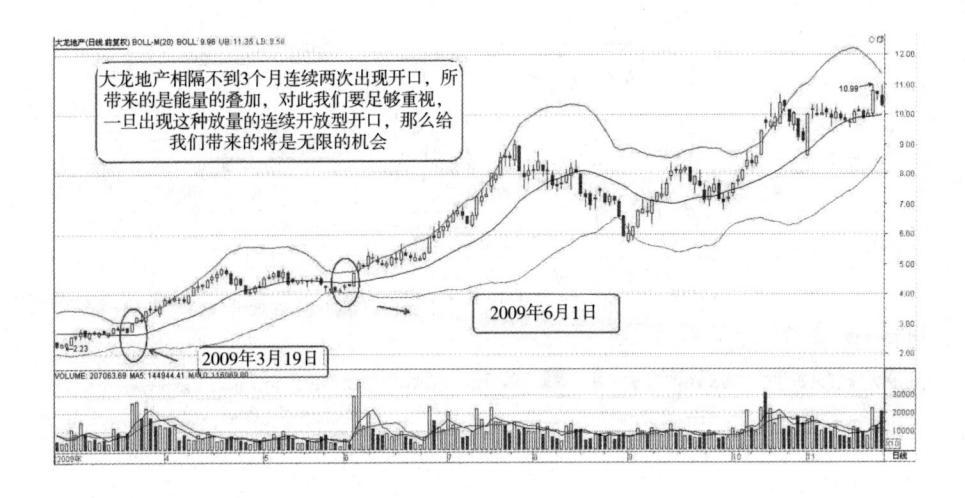

11 布林线战法

大龙地产相隔不到3个月连续两次出现开口,所带来的是能量的叠加,对此我们要足够重视,一旦出现这种放量的连续开放型开口,那么给我们带来的将是无限的机会

2009年6月1日

2009年3月19日

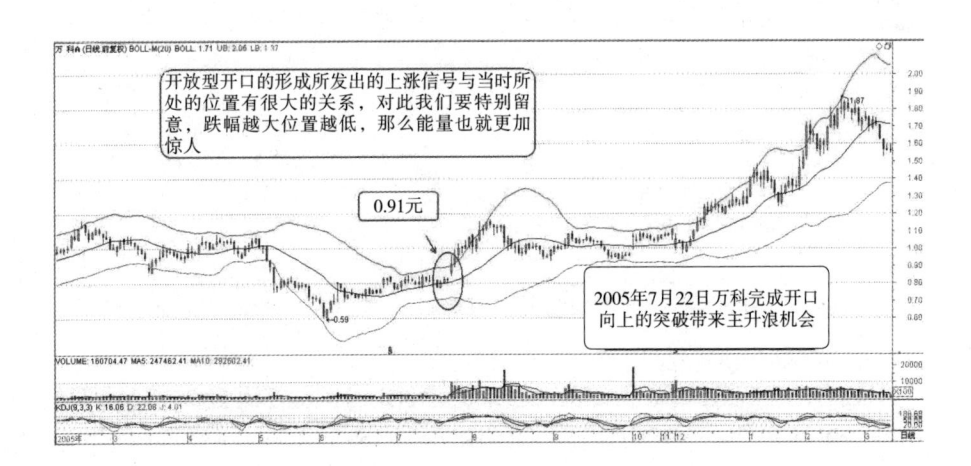

开放型开口的形成所发出的上涨信号与当时所处的位置有很大的关系,对此我们要特别留意,跌幅越大位置越低,那么能量也就更加惊人

0.91元

2005年7月22日万科完成开口向上的突破带来主升浪机会

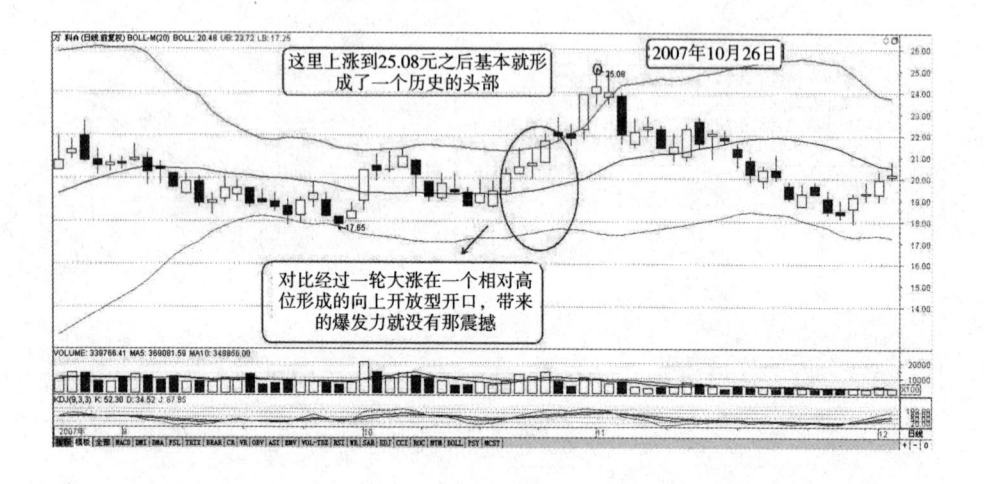

短线金手 ❷
经典形态战法实战剖析

这里上涨到25.08元之后基本就形成了一个历史的头部

2007年10月26日

对比经过一轮大涨在一个相对高位形成的向上开放型开口，带来的爆发力就没有那震撼

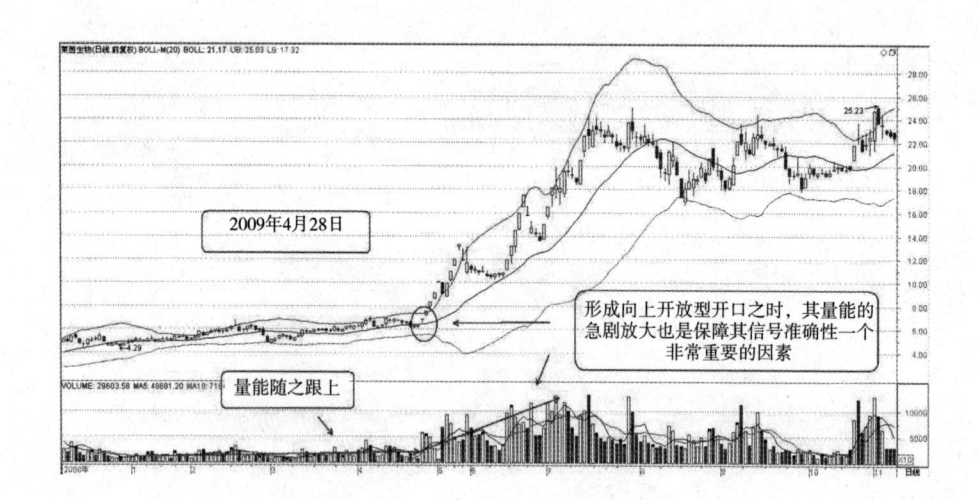

2009年4月28日

形成向上开放型开口之时，其量能的急剧放大也是保障其信号准确性一个非常重要的因素

量能随之跟上

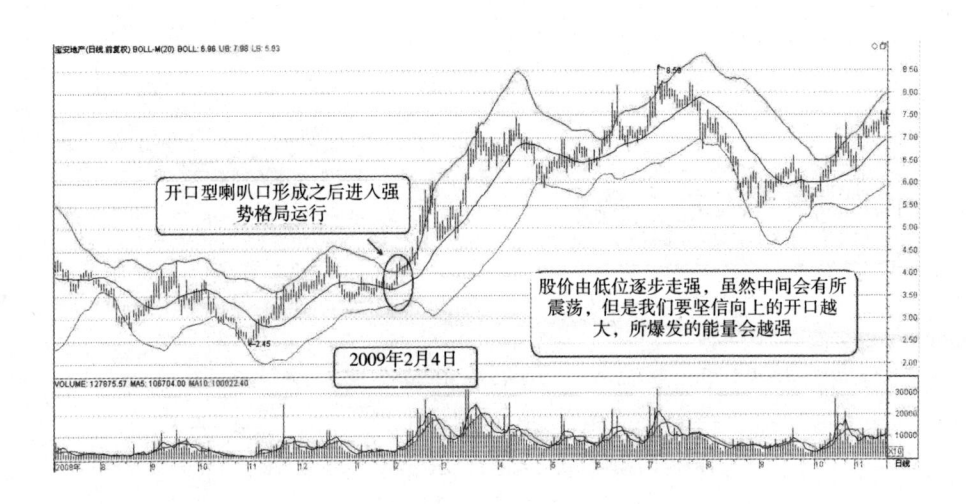

11 布林线战法

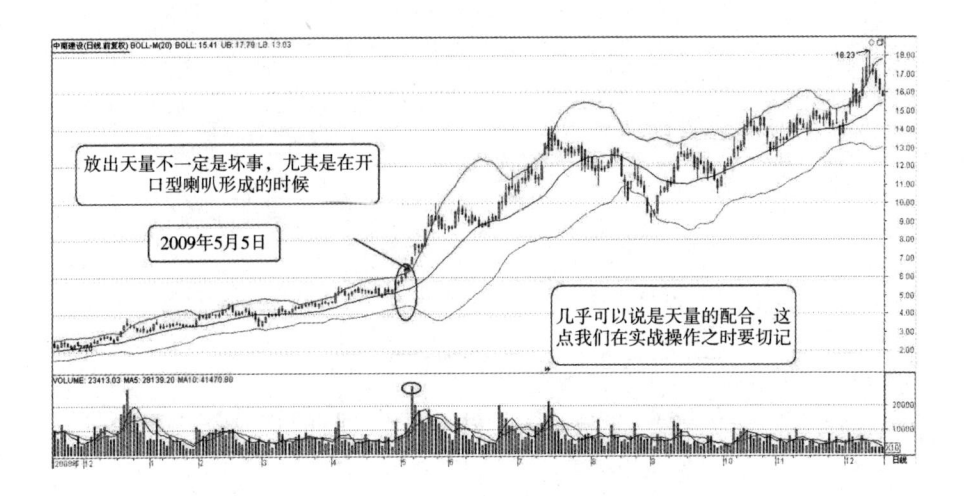

开口型喇叭口形成之后进入强势格局运行

股价由低位逐步走强，虽然中间会有所震荡，但是我们要坚信向上的开口越大，所爆发的能量会越强

2009年2月4日

放出天量不一定是坏事，尤其是在开口型喇叭形成的时候

2009年5月5日

几乎可以说是天量的配合，这点我们在实战操作之时要切记

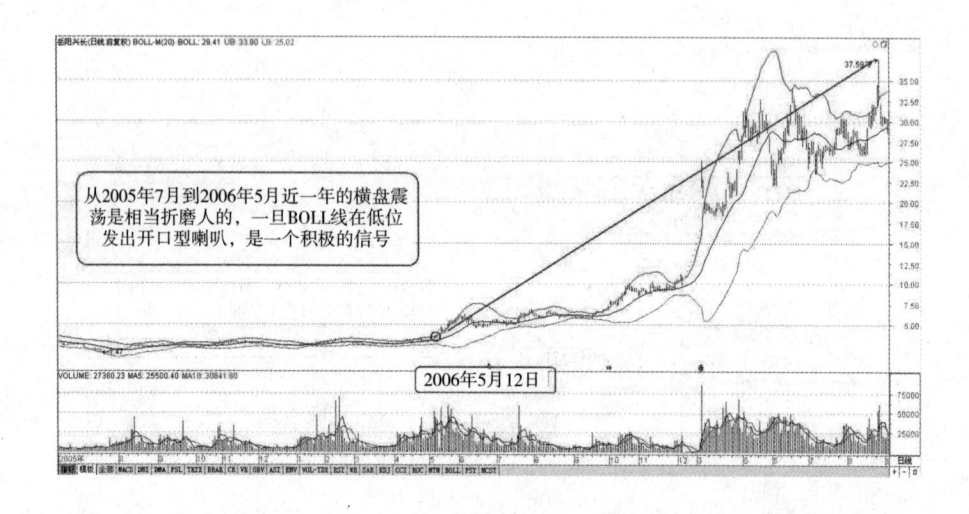

短线金手 ❷
经典形态战法实战剖析

从2005年7月到2006年5月近一年的横盘震荡是相当折磨人的，一旦BOLL线在低位发出开口型喇叭，是一个积极的信号

2006年5月12日

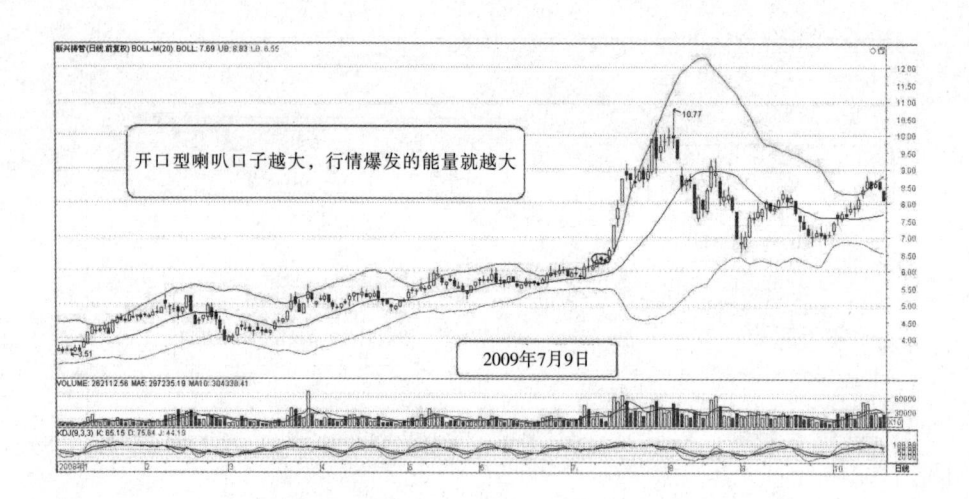

开口型喇叭口子越大，行情爆发的能量就越大

2009年7月9日

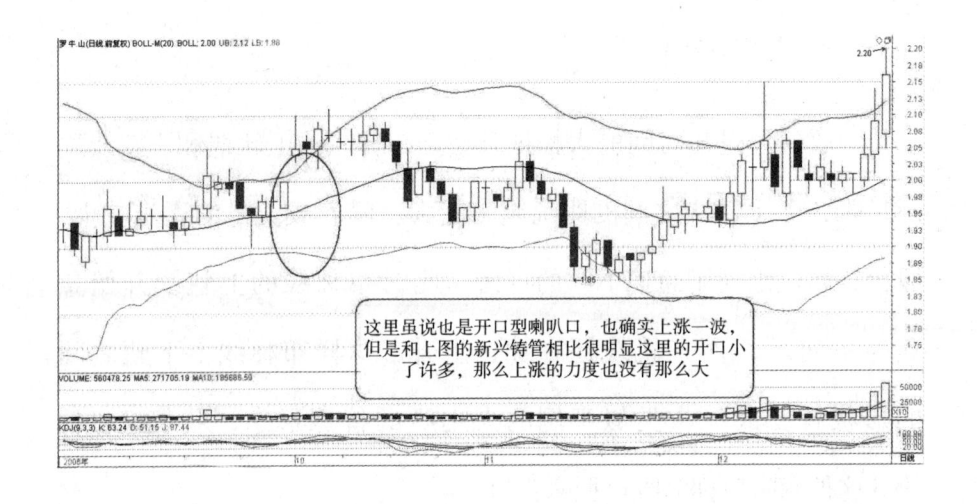

11 布林线战法

这里虽说也是开口型喇叭口，也确实上涨一波，但是和上图的新兴铸管相比很明显这里的开口小了许多，那么上涨的力度也没有那么大

启示：

①布林线的开口型喇叭口形成之时，如果傍随着成交量的有效配合（逐渐放大），那么成交量将是进一步对 BOLL 线这个发出上涨信号的确认。

②开口型喇叭口是一种显示股价短线大幅向上突破的形态，其开口越大预示将来爆发行情的能量越惊人。

③开口型喇叭口形态的形成必须具备两个条件：其一，股价要经过长时间的中低位横盘整理，整理时间越长、上下轨之间的距离越小则未来涨升的幅度越大；其二，布林线开始开口时要有明显的大的成交量出现。

④开口喇叭越多，上涨趋势行情越持久。

2. 收口型喇叭口

当股价经过短时间的大幅拉升后，布林线的上轨线和下轨线逐渐扩张，上下轨线之间的距离越来越大，随着成交量的逐步减少，股价在高位出现了急速下跌的行情，此时布林线的上轨线开始急速掉头向下，而下轨线还在加速上升，这样布林线上下轨之间的形状就变成一个类似于倒的大喇叭的特殊形态，我们把布林线的这种喇叭口称为收口型喇叭口。

收口型喇叭口是一种显示股价短线大幅向下突破的形态。它是形成于股价经过短时期的大幅拉升后，面临着向下变盘时所出现的一种走势。布林线的上下轨线出现方向截然相反而力度很大的走势，预示着空头力量逐渐强大而多头力量开始衰竭，股价将处于短期大幅下跌的行情之中。

收口型喇叭口形态的形成虽然对成交量没有要求，但它也必须具备一个条件，即股价经过前期大幅的短线拉升，拉升的幅度越大、上下轨之间的距离越大，则未来下跌幅度越大。

收口型喇叭口形态的确立是以股价的上轨线开始掉头向下、股价向下跌破短期均线为准。对于收口型喇叭口形态的出现，投资者如能及时卖出则能保住收益、减少较大的下跌损失。

11 布林线战法

下面是收口型喇叭口案例：

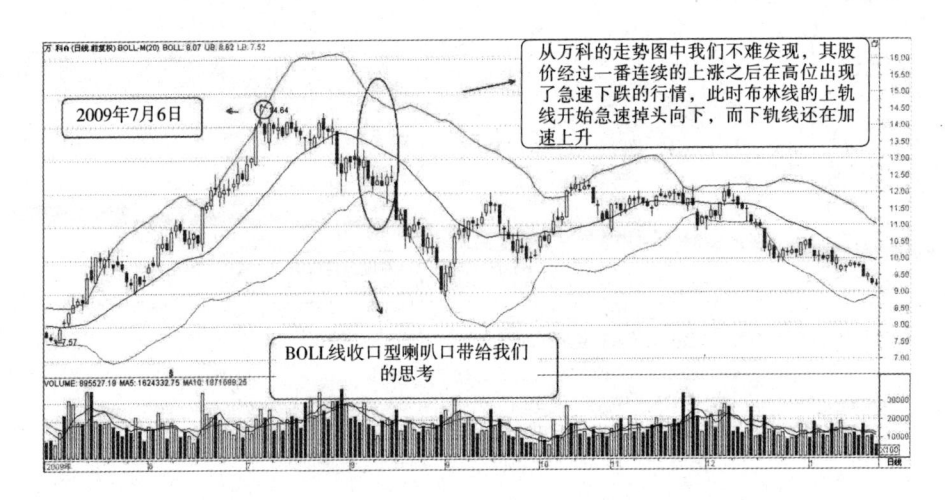

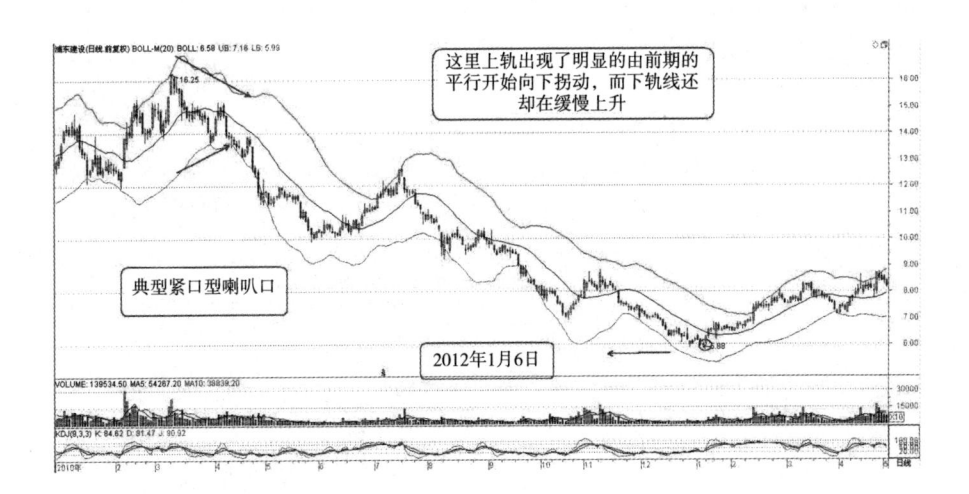

从万科的走势图中我们不难发现，其股价经过一番连续的上涨之后在高位出现了急速下跌的行情，此时布林线的上轨线开始急速掉头向下，而下轨线还在加速上升

2009年7月6日

BOLL线收口型喇叭口带给我们的思考

这里上轨出现了明显的由前期的平行开始向下拐动，而下轨线还却在缓慢上升

典型紧口型喇叭口

2012年1月6日

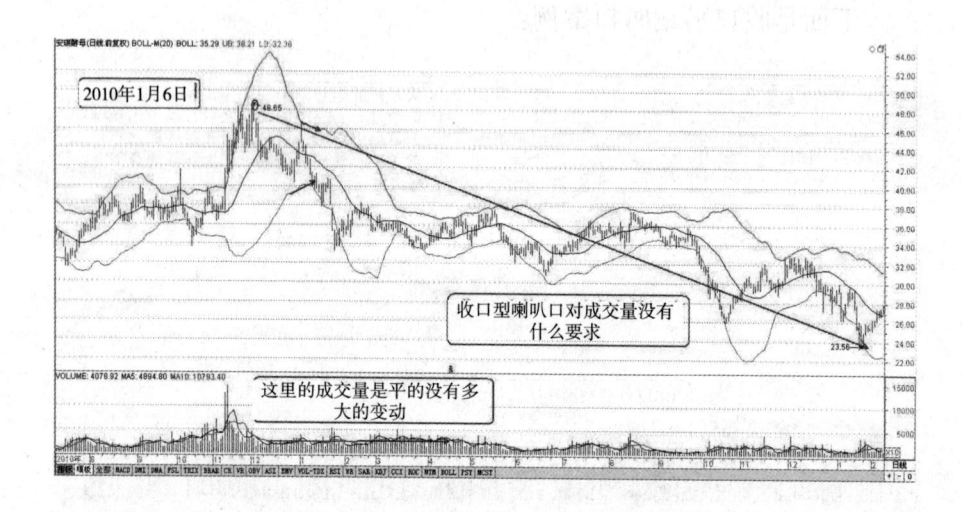

短线金手 ❷
经典形态战法实战剖析

2010年1月6日

收口型喇叭口对成交量没有什么要求

这里的成交量是平的没有多大的变动

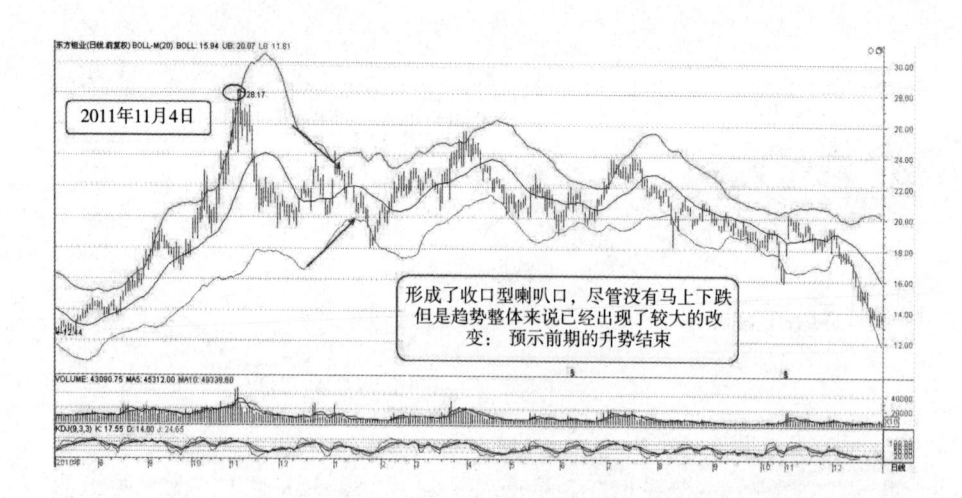

2011年11月4日

形成了收口型喇叭口，尽管没有马上下跌但是趋势整体来说已经出现了较大的改变：预示前期的升势结束

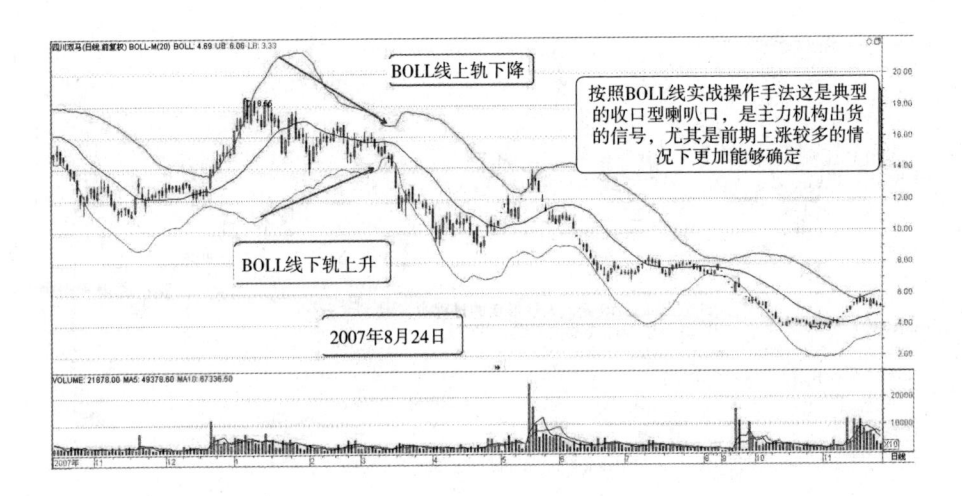

11 布林线战法

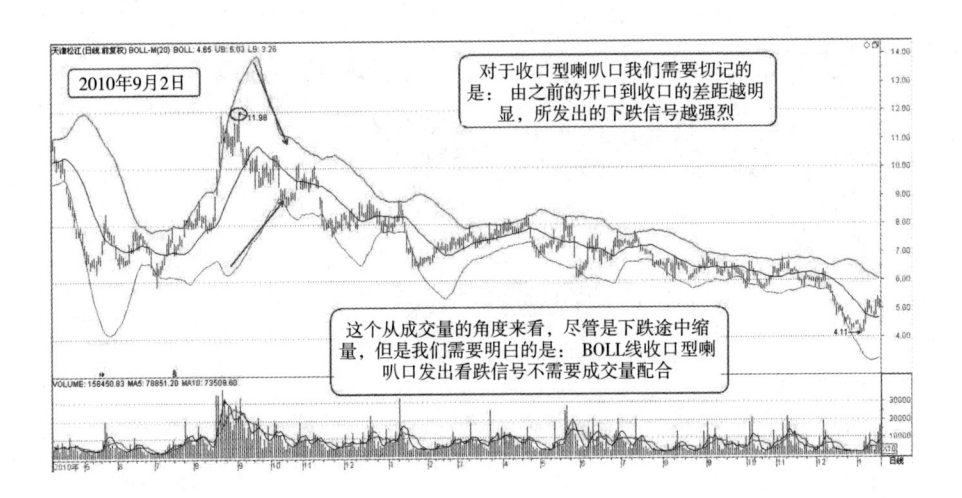

BOLL线上轨下降

按照BOLL线实战操作手法这是典型的收口型喇叭口，是主力机构出货的信号，尤其是前期上涨较多的情况下更加能够确定

BOLL线下轨上升

2007年8月24日

2010年9月2日

对于收口型喇叭口我们需要切记的是：由之前的开口到收口的差距越明显，所发出的下跌信号越强烈

这个从成交量的角度来看，尽管是下跌途中缩量，但是我们需要明白的是：BOLL线收口型喇叭口发出看跌信号不需要成交量配合

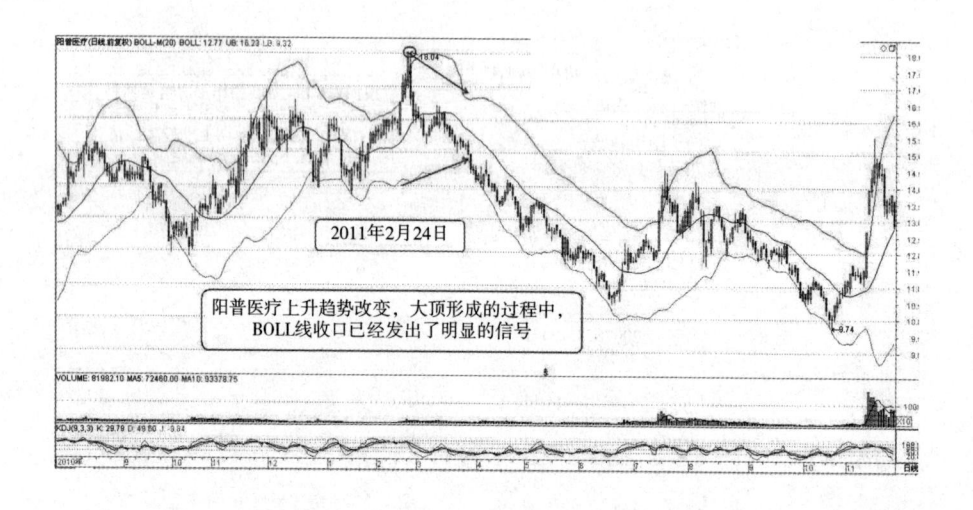

短线金手 ❷
经典形态战法实战剖析

2011年2月24日

阳普医疗上升趋势改变，大顶形成的过程中，BOLL线收口已经发出了明显的信号

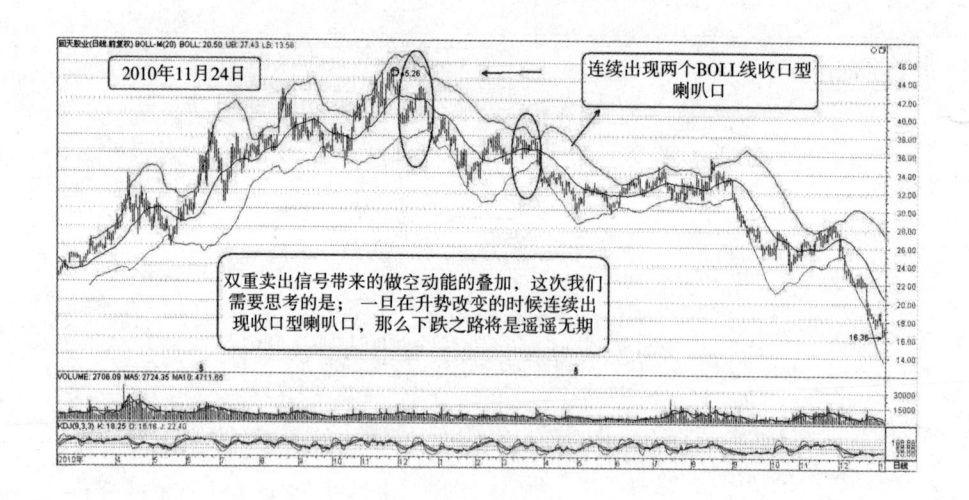

2010年11月24日

连续出现两个BOLL线收口型喇叭口

双重卖出信号带来的做空动能的叠加，这次我们需要思考的是：一旦在升势改变的时候连续出现收口型喇叭口，那么下跌之路将是遥遥无期

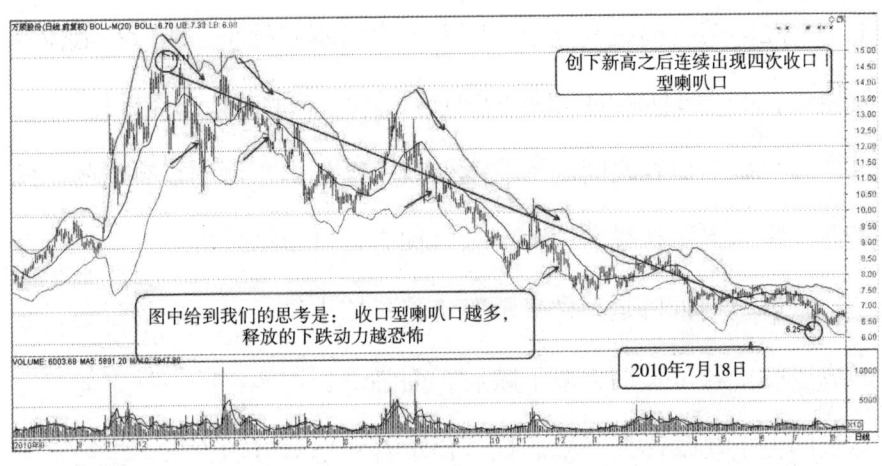

[图表：万科股份(日线 前复权) BOLL-M(20)，标注"创下新高之后连续出现四次收口型喇叭口"、"图中给到我们的思考是：收口型喇叭口越多，释放的下跌动力越恐怖"、"2010年7月18日"]

启示：

①当股价经过短时间的大幅拉升后形成的收口型喇叭口，收口型喇叭口形成之前拉升的幅度越大，那么下跌的幅度也越惊人。

②收口型喇叭口预示着空头力量逐渐强大而多头力量开始衰竭，股价将处于短期大幅下跌的行情之中。

③收口型喇叭口形态的形成虽然对成交量没有要求，但它也必须具备一个条件，即股价经过前期大幅的短线拉升，拉升的幅度越大、上下轨之间的距离越大，则未来下跌幅度越大。

④对于收口型喇叭口形态的出现，投资者如能及时卖出则能保住收益、减少较大的下跌损失。

3. 紧口型喇叭口

当股价经过长时间的下跌后，布林线的上下轨向中轨逐渐靠拢，上下轨之间的距离越来越小。随着成交量越来越小，股价在低位反复振荡，此时布林线的上轨还在向下运动，而下轨线却在缓慢上升。这样布林线上下轨之间的形状就变成一个类似于倒的小喇叭的特殊形态，我们把布林线的这种喇叭口称为紧口型喇叭口。

紧口型喇叭口是一种显示股价将长期小幅盘整筑底的形态，它形成于股价经过长期大幅下跌后，面临着长期调整的一种走势。布林线的上下轨线逐步小幅靠拢，预示着多空双方的力量逐步趋于平衡，股价将处于长期横盘整理的行情中。

紧口型喇叭口形态的形成条件和确认标准比较宽松，只要股价经过较长时间的大幅下跌后，成交极度萎缩，上下轨之间的距离越来越小，就可认定紧口型喇叭初步形成。当紧口型喇叭口出现后，投资者既可以观望等待，也可以少量建仓。

启示：

① 紧口型喇叭口是一种显示股价将长期小幅盘整筑底的形态，它形成于股价经过长期大幅下跌后。

② 紧口型喇叭口形成面临着长期调整的一种走势。布林线的上下轨线的逐步小幅靠拢，预示着多空双方的力量逐步处于平衡，股价将处于长期横盘整理的行情中。

③ 紧口型喇叭口形态的形成条件和确认标准比较宽松，不需

要过多的外界条件。

④ 股价经过较长时间的大幅下跌，成交极度萎缩之时，当紧口型喇叭口出现后，投资者既可以观望等待，也可以少量建仓。

BOLL 运用篇

1. 中轨与上轨买卖标志

BOLL 指标一共由四条线组成，即上轨线 UPPER 、中轨线 BOLL、下轨线 LOWER 和价格线。其中上轨线 UPPER 用黄色线表示；中轨线 BOLL 用白色线表示；下轨线 LOWER 用紫色线表示；价格线是以美国线表示，颜色为浅蓝色。

① BOLL 指标中的上、中、下轨线所形成的股价通道会随着股价的上下波动而变化。在正常情况下，股价应始终处于股价通道内运行。如果股价脱离股价通道运行，则意味着行情处于极端的状态下。

② 在 BOLL 指标中，股价通道的上下轨是显示股价安全运行的最高价位和最低价位。中轨线和下轨线可以对股价的运行起到支撑作用，而上轨线和中轨线有时则会对股价的运行起到压力作用。

③股价在布林线的中轨线上方运行时，表明股价处于强势趋势；当股价在布林线的中轨线下方运行时，表明股价处于弱势趋势。

操作法则：

①当布林线的上、中、下轨线同时向上运行时，表明股价强势特征非常明显，股价短期内将继续上涨，投资者应坚决持股待涨或逢低买入。

②当布林线的上、中、下轨线同时向下运行时，表明股价的弱势特征非常明显，股价短期内将继续下跌，投资者应坚决持币观望或逢高买出。

③当布林线的上轨线向下运行，而中轨线和下轨线却还在向上运行时，表明股价处于整理态势之中。如果股价处于长期上升趋势时，则表明股价是上涨途中的强势整理，投资者可以持股观望或逢低短线买入；如果股价处于长期下跌趋势时，则表明股价是下跌途中的弱势整理，投资者应以持币观望或逢高减仓为主。

④当布林线的上、中、下轨线几乎同时处于水平方向横向运行时，则要根据股价目前的走势处于什么样的情况下来判断。

2. K线和布林线上轨之间的关系

当K线向上突破布林线上轨以后，其运动方向继续向上时，如果布林线的上、中、下轨线的运动方向也同时向上，则预示着股市的强势特征依旧，股价短期内还将上涨，投资者应坚决持股待涨，直到K线的运动方向开始有掉头向下的迹象时才密切注意行情是否转势。

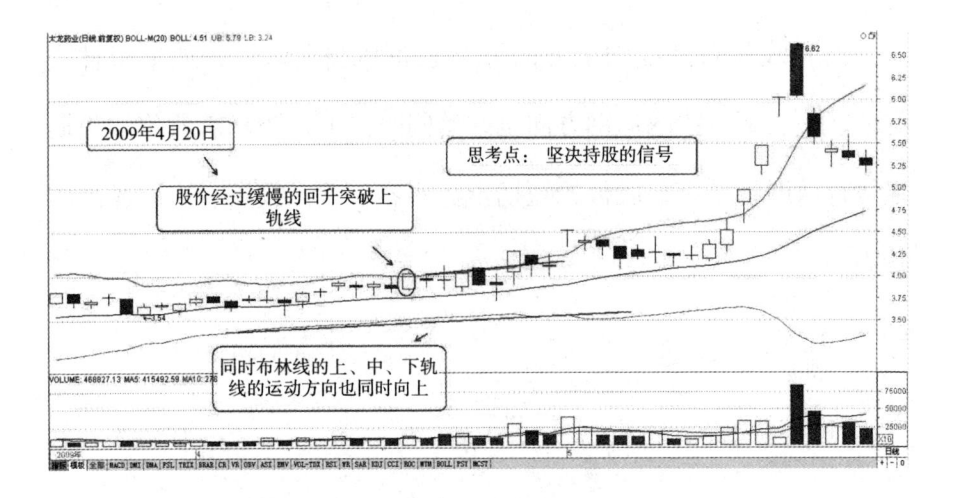

当K线在布林线上方向上运动了一段时间后，如果K线的运动方向开始掉头向下，投资者应格外小心，一旦K线掉头向下并突破布林线上轨时，预示着股价短期的强势行情可能结束，股价短期内将大跌。

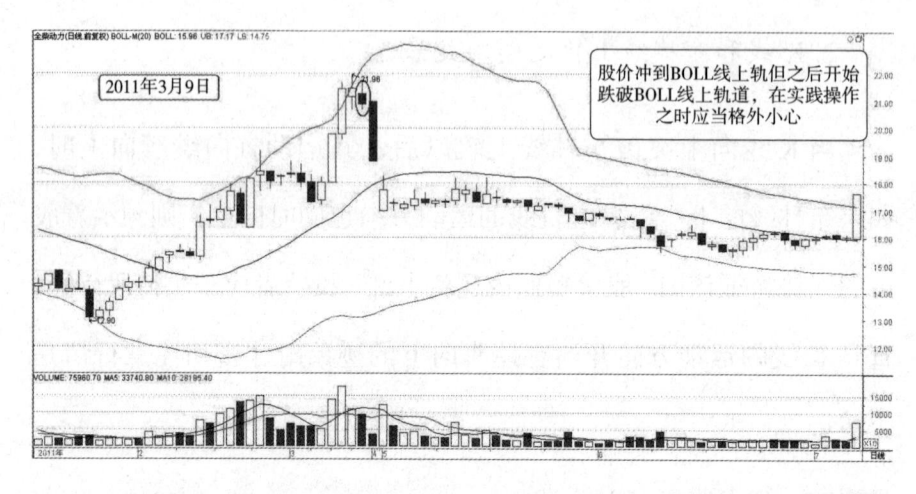

当K线从布林线的上方向下突破布林线上轨后，如果布林线的上、中、下轨线的运动方向也开始同时向下，预示着股价的短期强势行情即将结束，股价的短期走势不容乐观，投资者应以逢高减磅为主。

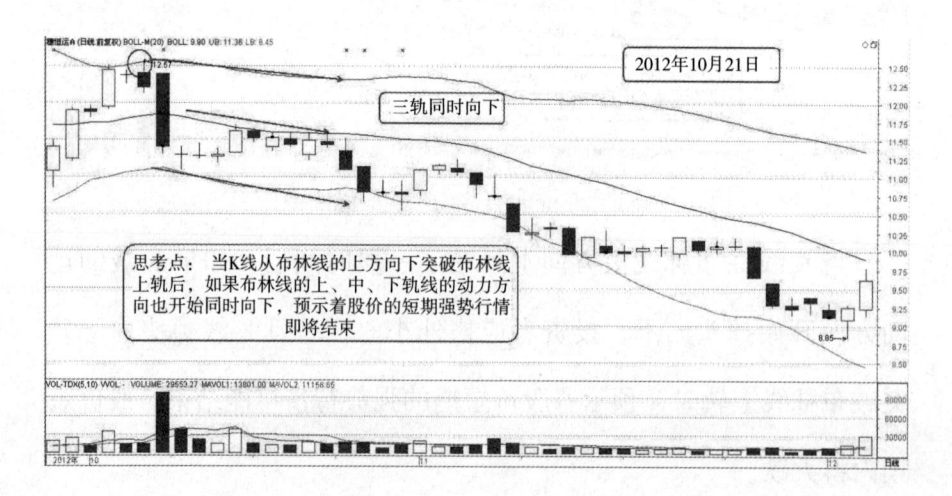

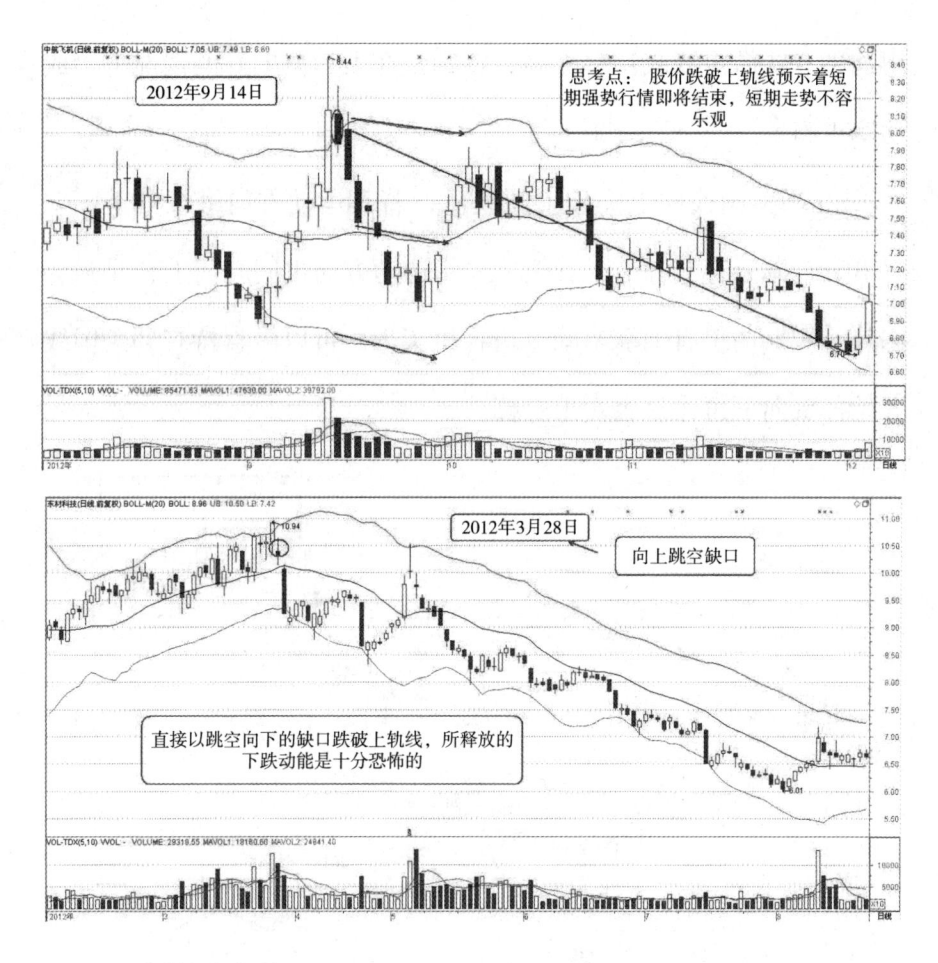

3. 上轨买卖法

① 当美国线从中轨线上方向上突破上轨线时，说明行情强势特征确立，股价短线可能出现大涨，是持股待涨或买入信号。

通过观察时代新材 BOLL 指标可以发现，每次在出现美国线向上突破 BOLL 指标上轨后都会继续向上运行一段距离。在实战中，用这种方式做短线成功率极高，特别是在大趋势向好的情况下，成功率更高。

② 当美国线向上突破上轨线后，若其运动方向继续向上，并且 BOLL 指标的上、中、下轨三线的运动方向也同时向上，是强势态势，短期内仍有上涨空间，可择机买入。可以一直持有到美国线开始掉头向下再作是否卖出打算。

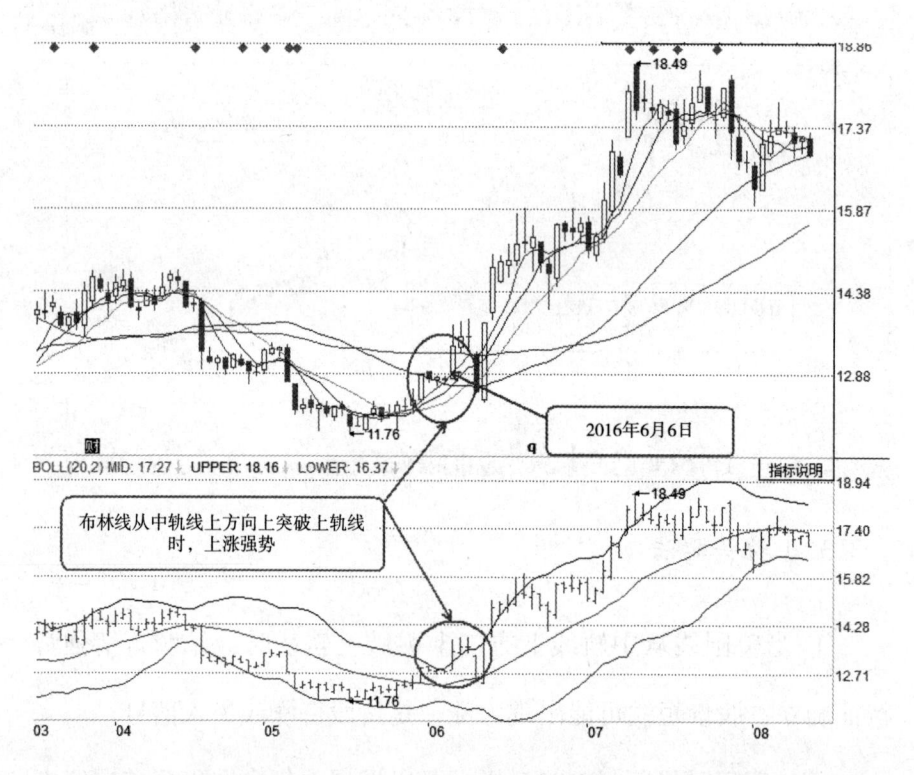

当其调整结束，美国线向上突破 BOLL 指标上轨后即展开上扬。期间虽有跌破 BOLL 指标上轨，但很快即再次展开上扬，直到美国

线开始跌破 BOLL 指标的中轨线，BOLL 指标发出卖出信号为止。

以上两条买入法超短线可以不参考移动平均线情况，但若中长线买入一定要注意股价是否突破了均线压力，以及股价突破时的成交量情况。若未突破均线压制以及配合成交量（涨停除外）则仅仅是超短线买入信号而非中期买入信号。

4. 中轨买卖法

当美国线（或 K 线）向上突破布林线中轨时，如果股价也放量突破股价中期均线，则意味着股价中短期向上趋势开始形成，这是布林线指标揭示的中短期买入标志。

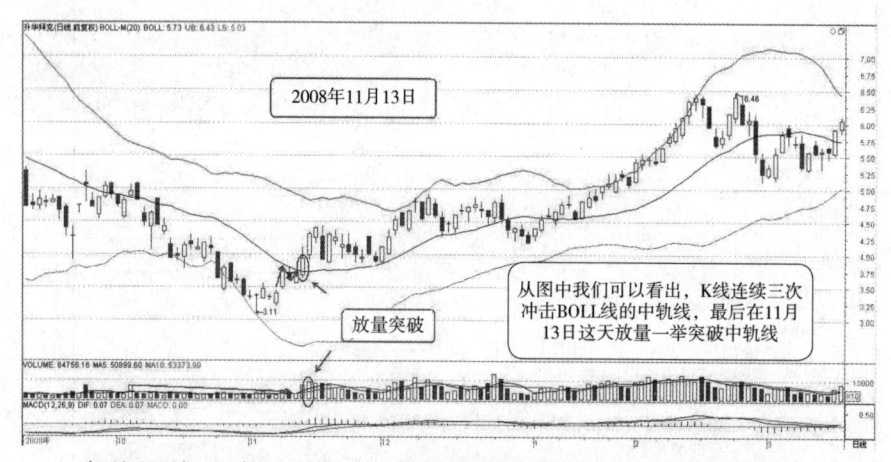

[图：升华科技（日线 前复权）BOLL-M(20) 2008年11月13日 放量突破

从图中我们可以看出，K线连续三次冲击BOLL线的中轨线，最后在11月13日这天放量一举突破中轨线]

当美国线（或K线）向上突破布林线中轨后，如果股价依托布林线中轨向上攀升时，则意味着股价的中短期向上趋势已经形成，这是布林线指标揭示的逢低买入或持股标志。

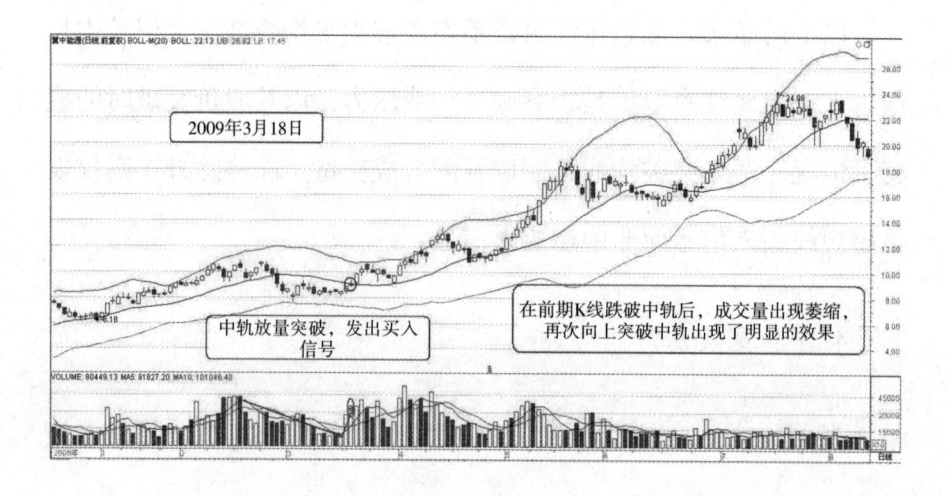

[图：冀中能源（日线 前复权）BOLL-M(20) 2009年3月18日 中轨放量突破，发出买入信号

在前期K线跌破中轨后，成交量出现萎缩，再次向上突破中轨出现了明显的效果]

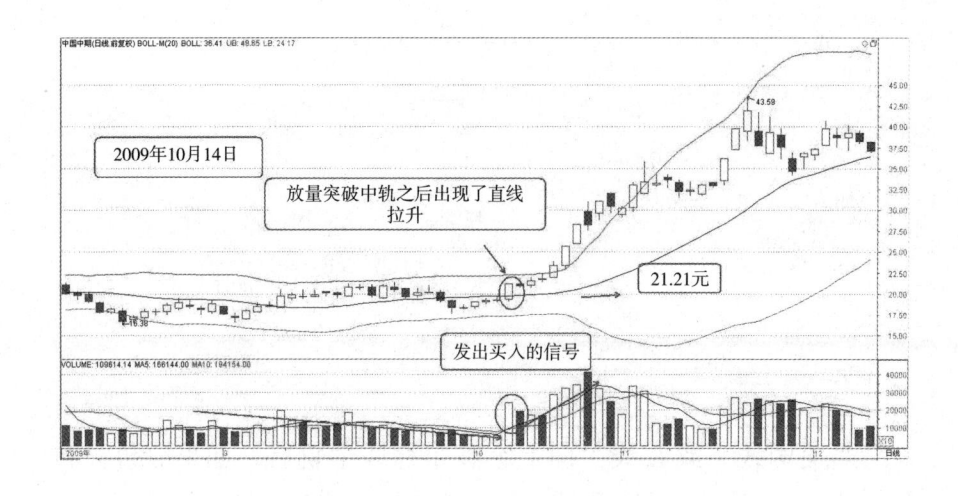

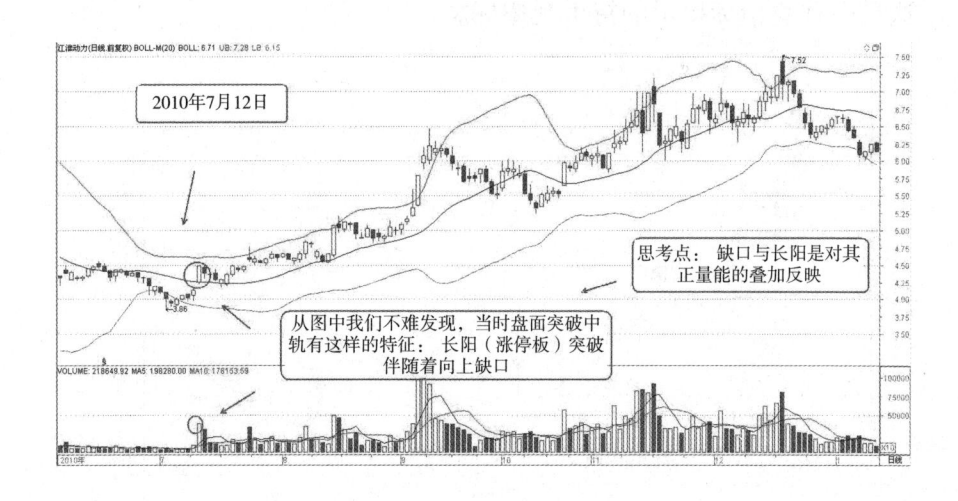

美国线（或 K 线）向下跌破布林线中轨时，如果股价也先后跌破中短期均线，则意味着股价的中短期向下阴跌趋势开始形成，这是布林线指标揭示的中短期卖出标志。

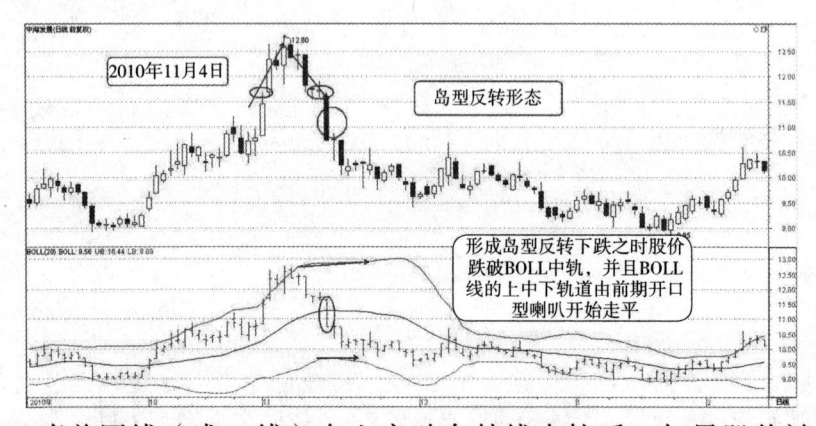

[图示:2010年11月4日,岛型反转形态;形成岛型反转下跌之时股价跌破BOLL中轨,并且BOLL线的上中下轨道由前期开口型喇叭开始走平]

当美国线(或 K 线)向上突破布林线中轨后,如果股价被布林线中轨压制下行时,则意味着股价的中短期下降趋势已经相成,这是布林线指标揭示的持币观望标志。

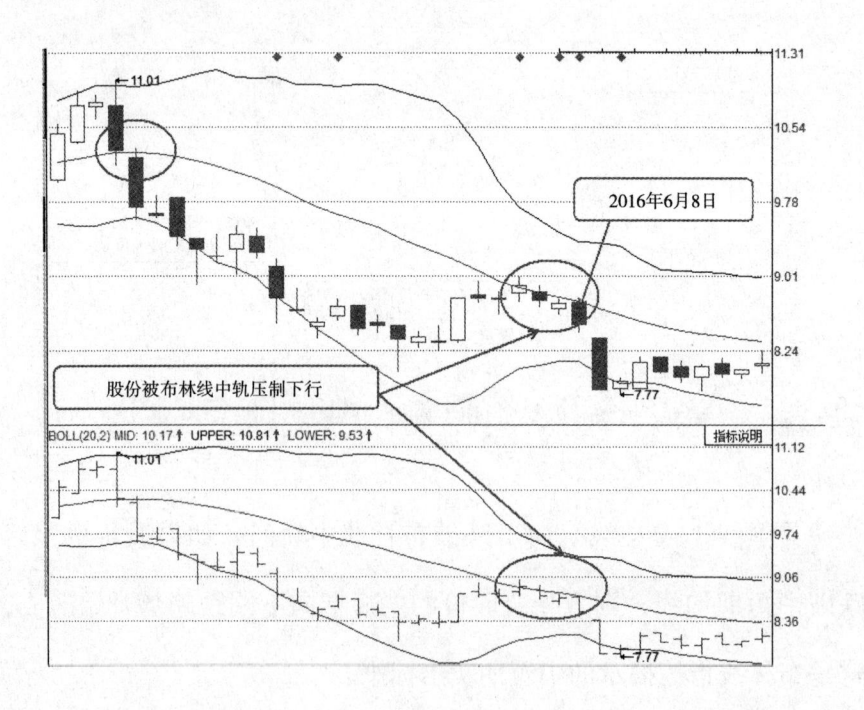

[图示:2016年6月8日,股份被布林线中轨压制下行]

5. 下轨买入法

当美国线自下向上突破下轨线时，意味着短期触底反弹，行情趋势有可能短期转好，是适当短线操作信号。此时由于美国线还未突破中轨线，说明中期趋势仍弱，因此操作上一定要以轻仓反弹操作策略为主。

布林线下轨具有与生俱来的超卖特性，可辅助抄底，但股价自高位冲击布林线下轨往往是见顶转轨向下的信号，故投资者在运用下轨抄底抢反弹时，对于撞轨的短线反弹还是中线波段抄底的意义必须明确，买入前要决定投资策略。

6. BOLL 线与 K 线形态相结合

在布林轨道中，我们可以严密观察 K 线形态，结合 K 线形态把握确定性的投资机会，这样更能发现机会，回避风险。例如在头肩底形态中，出现右肩突破，BOLL 线同时出现开口形喇叭形态，这极大可能是一个突破，迎接上涨趋势的到来。

实战案例分析：

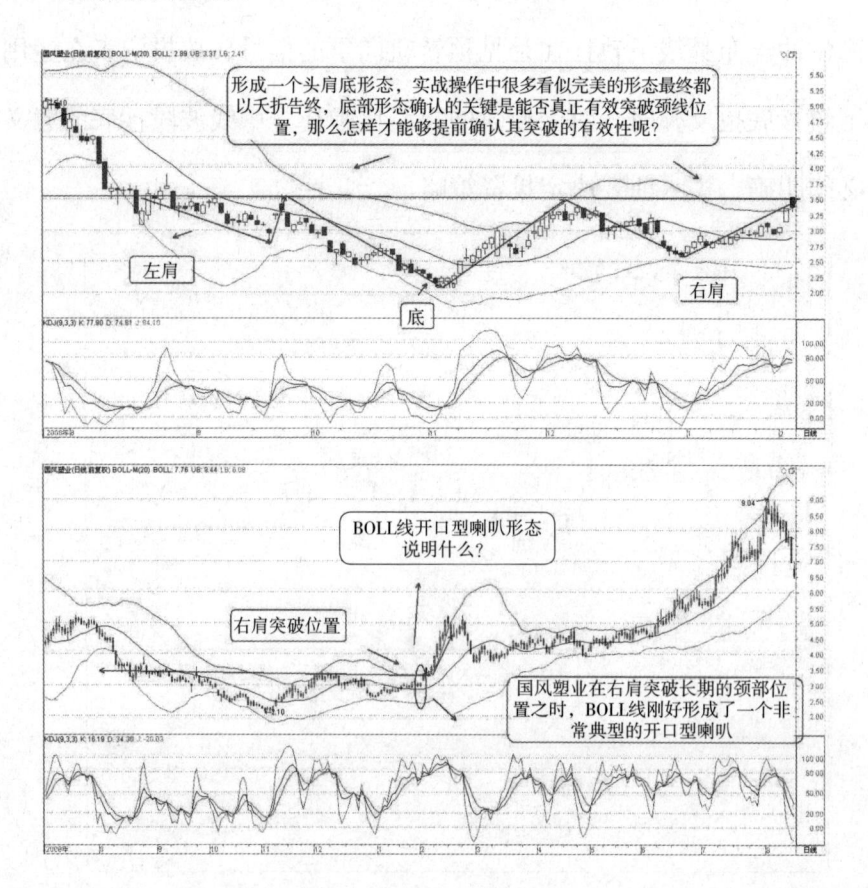

11 布林线战法

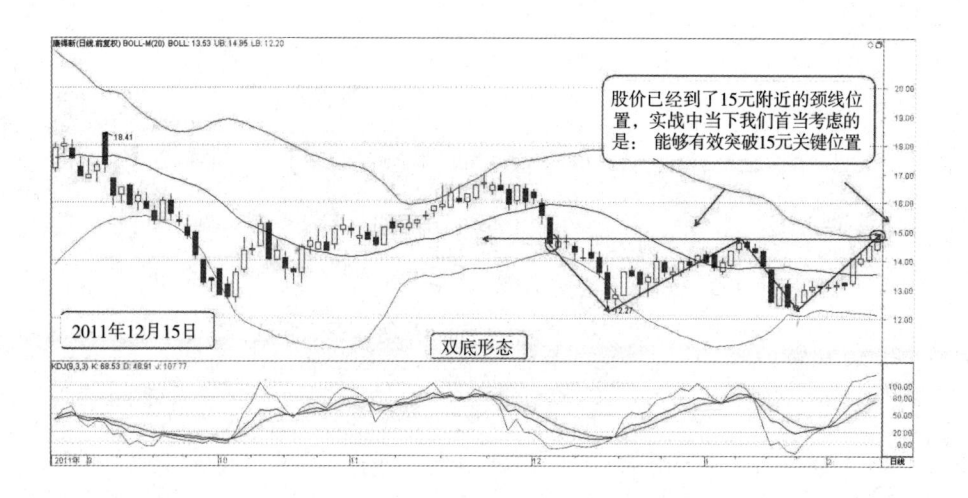

股价已经到了15元附近的颈线位置，实战中当下我们首当考虑的是：能够有效突破15元关键位置

2011年12月15日

双底形态

突破之后，强势拉上去

2007年7月5日

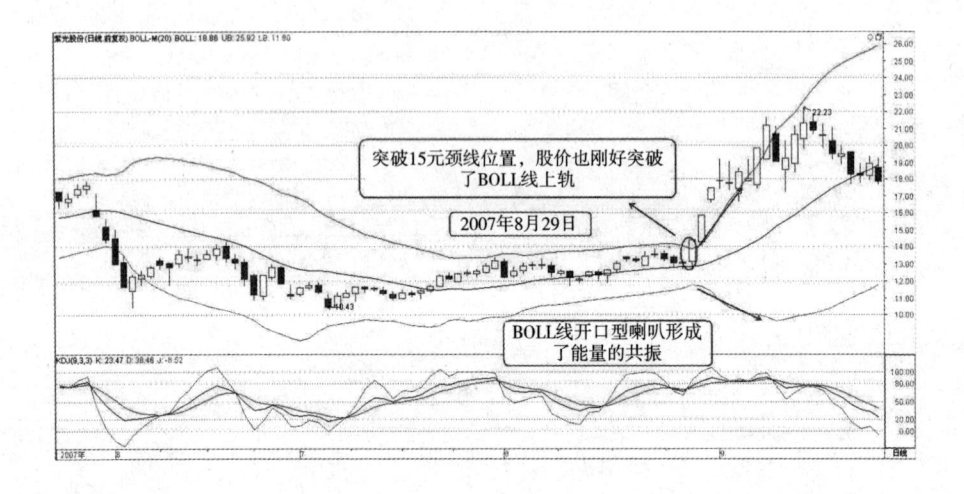

短线金手② 经典形态战法实战剖析

突破15元颈线位置，股价也刚好突破了BOLL线上轨

2007年8月29日

BOLL线开口型喇叭形成了能量的共振

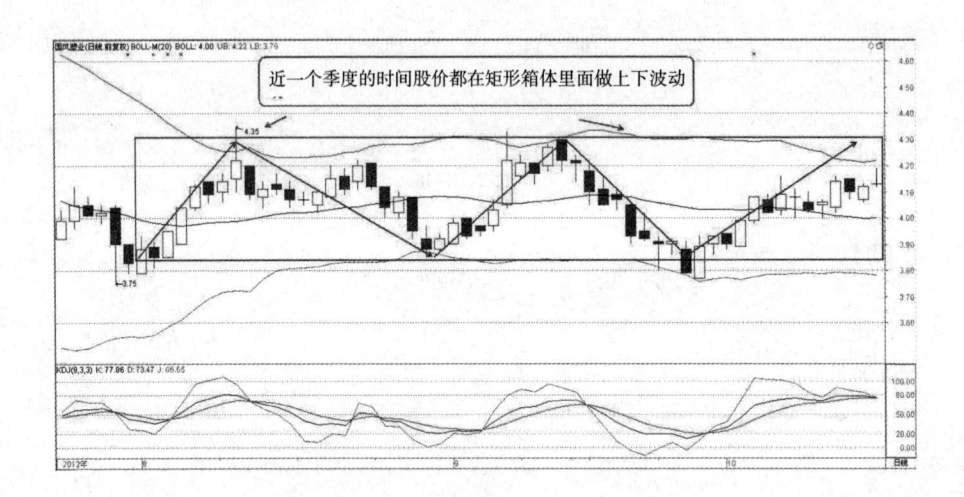

近一个季度的时间股价都在矩形箱体里面做上下波动

11 布林线战法

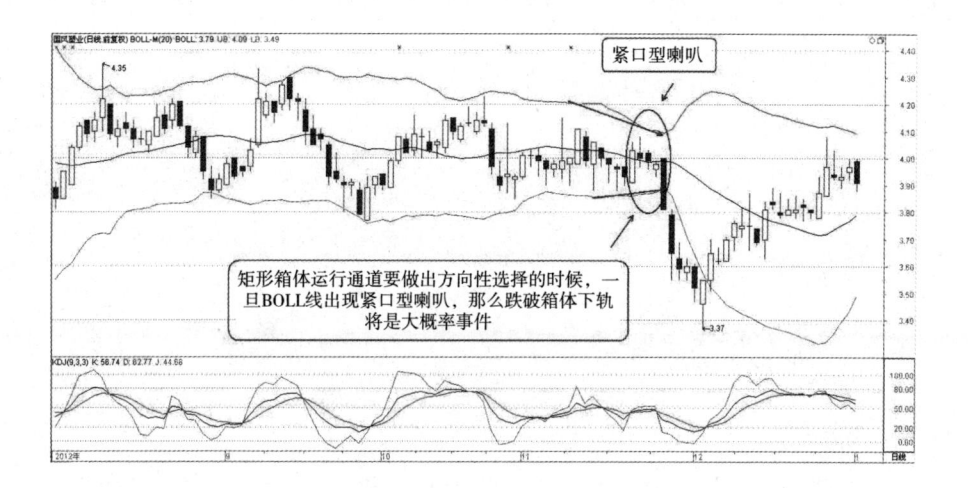

紧口型喇叭

矩形箱体运行通道要做出方向性选择的时候，一旦BOLL线出现紧口型喇叭，那么跌破箱体下轨将是大概率事件